DIEU

AIME-T-IL LES FEMMES ?

Du même auteur

Faut-il croire au diable ?, Bayard,1994.

Pâques art du passage, Cerf, 2009.

Les pieds dans le bénitier, (en collaboration avec Christine Pedotti), Presses de la Renaissance, 2010.

Contact : *anne.soupa@baptises.fr*

Anne Soupa

DIEU
AIME-T-IL LES FEMMES ?

MÉDIASPAUL

La collection Débats
est dirigée par Bertrand Révillion

bertrand.revillion@mediaspaul.fr

Couverture :

Conception graphique : Béatrice Basteau
Dessin : © Deligne

Deuxième édition, 2013

Médiaspaul Éditions
48 rue du Four
75006 Paris
editeur@mediaspaul.fr

ISBN : 978-2-7122-1248-3

Pour le Canada :

Médiaspaul
3965, boulevard Henri-Bourassa Est
Montréal, QC, H1H 1L1
www.mediaspaul.qc.ca
mediaspaul@mediaspaul.qc.ca

Imprimé en France

« Ouvre la bouche en faveur du muet »

Livre des Proverbes 31, 8

Á toutes celles qui sont parties,

faute de savoir que Dieu les aimait.

Anne Soupa

Introduction

Dieu aime-t-il les femmes ?

Depuis que cette question m'a été posée par un ami, je tourne autour et elle me tourne autour.

D'abord, je souris. Quelle ingénuité ! Quel charme aussi, de jouer à ce que Dieu soit un être humain et qu'il soit amoureux de toutes les femmes et aussi de moi, une femme... Quelle tendre séduction se joue en si peu de mots... Car bien sûr, je commence par enlever le point d'interrogation, il me fâcherait trop ! Oui, Dieu nous aime, cela va sans dire et nous en frissonnons de contentement. Cythère n'est pas loin, embarquons au plus vite...

Passé ce doux frisson, la formule m'a révélé de plus énigmatiques facettes.

Point ne suffit de se savoir aimé. Encore faut-il que l'amant se déclare ; il faut que Dieu existe et qu'il soit bien le sujet de l'affaire. J'assume ! Certes, je pourrais jouer avec le nom de Dieu, le réduire à un concept ou à une clause de style qui me permettrait de poser des éléments « objectifs » de réponse. Oui, je pourrais faire semblant, mais je n'ai pas envie. Si c'est Dieu que j'interroge, je le crois capable de me répondre. De fait, c'est avec ma foi que je reçois la question et avec elle que je tenterai d'y répondre, pour ce qui concerne l'Église catholique.

Seconde chicane à passer, celle de savoir comment nous parvient son amour. Ceux qui parlent en son nom, les croyants de son Église, ceux qui la conduisent, en particulier, ont la responsabilité de faire connaître l'amour de Dieu ; c'est même leur mission essentielle. Mais sont-ils tous convaincus que Dieu aime *aussi* les femmes ? Pas sûr...

Ma certitude, alors, vacille. Et c'est grave, car la réponse à la question m'importe beaucoup. S'il ne s'était agi que de savoir si Dieu aime les escargots, j'aurais peut-être dit qu'il les aimait, en Angleterre, surtout là, mais j'aurais sans doute passé outre. Or, il y a aujourd'hui une question des femmes, dans l'Église catholique, mais aussi dans les sociétés, les nôtres, mais presque davantage encore dans certains grands pays où leur situation est dramatique, comme l'Inde, les pays arabes, la Chine. Et dans nos sociétés occidentales, il y a désormais aussi, comme si l'amélioration de la condition des femmes y était pour quelque chose, une « question des hommes », dont on constate de plus en plus que l'identité se cherche.

Pour tout dire, il y a aujourd'hui une question de la différence, presque une fêlure dans ce qu'on croyait connaître de la différence homme-femme, il y a une crise du genre, qui nous est sensible à tous, car les prises de position sur le sujet sont passionnées et souvent excessives. J'ai donc aujourd'hui particulièrement besoin de savoir ce que Dieu pense des êtres humains de sexe mâle, des êtres humains de sexe femelle, de leur différence et de leurs relations. Dieu nous aime-t-il en tant qu'être humain ou en tant qu'être humain différencié par son sexe, doté d'une vocation précise ? Est-ce Dieu qui dit aux belles dames qui dansent sur le Pont d'Avignon de faire « comme ci », tandis que les beaux messieurs font « comme ça » ?

Plus je me promène autour de la question, plus elle m'apparaît audacieuse et plus sa réponse m'entraîne plus loin que je ne l'aurais cru. Comment Dieu montre-t-il qu'il aime quelqu'un ? Par le succès, par une solide fortune, par une descendance aussi nombreuse que les étoiles ? Bien naïfs ceux qui croient que les choses marchent de manière aussi évidente... Job, qui avait tout cela et qui, de surcroît, était juste, a tout perdu ; les prophètes ont été lapidés et Jésus le juste a été cloué au bois de la croix. Comment Dieu traite-t-il ceux qu'il aime ?

La réponse est que Dieu n'évite pas à ceux qu'il aime les embûches de la vie. La liberté humaine est à l'œuvre, même si elle ne rend pas raison de tout, des anomalies génétiques, des catastrophes naturelles, des accidents imprévisibles. Et de surcroît, le combat pour la justice et la fraternité expose particulièrement ceux qui l'assument. Seule la résurrection de Jésus, qui donne raison à celui-ci d'avoir donné sa vie par amour, nous montre que l'amour est vainqueur. Là est le signe majeur qui nous est donné sur l'amour de Dieu. Il permet de dire que ceux que Dieu aime, ce sont ceux qui aiment à la manière de Jésus. Bonne piste pour mener l'enquête...

Mais enfin, j'y reviens encore, parler d'amour... N'est-ce pas trop ? À oser de si grands mots, on s'expose. En personne sage et dotée d'une belle foi, mon ami savait sans doute qu'il m'invitait à pousser mes vaisseaux. Comment demander à Dieu de nous aimer si nous ne l'aimons pas du fond du coeur, sans nous limiter à la simple exécution de commandements formels ? Je prends le risque, et vous aussi, lectrice, lecteur, si vous feuilletez ces pages, de découvrir un jour que « Dieu m'aimait » – ou que « Dieu l'aimait » – et que nous ne le savions pas.

Parce que l'on ne joue pas avec l'amour de Dieu. Il ne se porte ni sur le chocolat ni sur le dernier gadget. On y croit ou on n'y croit pas. Mais si on y croit, on sait ce qu'on lui doit. Donc, la réponse, si elle existe, est tout entière sous l'empire du verbe aimer. Vaste ambition...

J'ai commencé par ouvrir ma Bible. La Bible, c'est une fontaine, une inépuisable fontaine dont l'eau est toujours vive et désaltérante. Quand je la lis, je sais que la parole des hommes et la Parole de Dieu se rejoignent. Comment n'y apprendrais-je pas si Dieu aime les femmes ?

Chapitre I

Égaux dans la main de Dieu

La Bible fait faire à celui qui la lit un voyage bien plus inattendu et surtout plus riche qu'on ne le pense habituellement. Que dit-elle des femmes ? L'Église s'appuie sur elle pour soutenir qu'hommes et femmes sont différents par le bagage que la nature leur confère, tandis que les féministes, anglo-saxonnes surtout, la dénoncent comme étant un instrument de domination des hommes sur les femmes. Deux pôles d'opinion, deux positions, assez opposées, surtout depuis quelques années. Leurs appréciations et critiques sont-elles fondées ? Pour le savoir, quelques haltes dans des hauts lieux bibliques s'imposent. La première se fera auprès des deux grands récits de création qui ouvrent le livre. En effet, dès ses premières pages, la Bible, très sensible à une double manière d'être au monde, s'intéresse à la création de l'homme et de la femme.

« Mâle et femelle il les créa »

Deux récits racontent la création du couple humain : un homme, une femme... Mais encore ? La première difficulté est de s'entendre sur le contenu du mot « homme ». Est-ce un individu de sexe masculin ou un être humain en général ? Étrange que le français, langue connue pour sa précision et sa rigueur laisse ainsi subsister l'équivoque[1] ! Comment ne pas y voir un consentement tacite pour admettre que l'homme (mâle) représente toute l'humanité et que la femme, dans ce partage du gâteau, prenne « ce qui reste », la différence et non la normalité ? Les traductions de la Bible, souvent, même les plus récentes, ne marquent même pas la distinction. « Homme » = masculin + humanité, ce qui a entretenu une confusion fort préjudiciable aux femmes[2].

Des deux récits, celui de Genèse 1 est, traditionnellement, considéré comme le plus favorable aux femmes. Dans ce long poème, la création du couple advient après celle du cosmos, du monde végétal et animal, au sixième jour. « Dieu dit : 'faisons l'homme à notre image, selon notre ressemblance, et qu'il soumette les poissons de la mer, les oiseaux du ciel, les bestiaux, toute la terre et toutes les petites bêtes qui remuent sur la terre !' Dieu créa l'homme à son image, à l'image de Dieu il le créa, mâle et femelle il les créa[3]. » (Genèse 1, 26-27)

Le mot hébreu traduit par le mot « homme » désigne (on y est !) l'être humain en général (*ha'adam*, le terreux, le glébeux), tandis que la fin met en scène le « mâle » et la « femelle ». Ce partage apporte déjà la preuve que *ha'adam* ne peut signifier que l'être humain en général, puisqu'il précède la création du mâle et de la femelle. Il

[1] Même les langues qui disposent de deux mots différents, comme l'allemand, *Mensch*, l'être humain, *Mann*, l'homme, ont, elles aussi, confondu les deux.

[2] Quand les pays francophones européens suivront-ils l'exemple du Québec, qui pratique le langage « inclusif » (c'est-à-dire qui inclut les femmes) ?

[3] Traduction œcuménique de la Bible, 2011.

n'est donc pas question d'une antériorité masculine. Égalité oblige. Pour Dieu, la parité semble toute naturelle... et sans loi des quotas.

Pourtant, cette évidence ne l'a pas toujours été. Des tombereaux de monstruosités ont été dits sur les femmes à partir de la confusion que je viens de dénoncer. Ainsi, saint Bonaventure, au XIIIe siècle, interprétant les deux « hommes » au sens restrictif, en déduit que « seul l'homme (masculin) est l'image de Dieu ». Et son débatteur, saint Thomas, enfonce le clou en soutenant que dans cette première production des choses (il imagine une production en deux temps, d'abord de l'homme masculin seul, puis, à partir du mot « mâle » au verset 27, de l'humanité sexuée[4]), la femme n'aurait pas dû être produite. Pour deux raisons : à cause de la parole d'Aristote : « la femelle est un mâle avorté » et parce que la femme ayant été une occasion de péché, il aurait mieux valu qu'elle ne soit pas produite[5]. (Au moins, les hommes auraient ainsi su quand ils péchaient !)

Revenons à notre verset 26 pour bien comprendre comment cette égalité se déploie. Lorsque Dieu décide de « faire » l'être humain, il le pense « à son image et à sa ressemblance ». Le premier terme désigne une simple image plastique, comme une sculpture ou un portrait, tandis que le second a un sens plus fort : la ressemblance est ce qui permet la similitude, c'est une vraie copie d'un original. Si les deux termes sont utilisés pour la création de l'*ha'adam*, seule l'image subsiste lorsqu'il est différencié en mâle et

---

[4] Bizarre que ce soit cette logique qui s'impose à lui.

[5] Cités par Élisabeth Dufourcq, *Histoire des chrétiennes*, p. 481-482.

femelle, deux mots qui désignent autant les humains que les animaux. L'exégète André Wénin[6], dont la contribution sur ce sujet est essentielle, observe que l'humanité, « à l'image d'Elohim, est une (il *le* créa), mais, à l'instar des animaux, elle est aussi plurielle (il *les* créa)». Elle est surtout inachevée. Le « faisons » initial serait une invitation à ce que l'humanité poursuive le travail de création. Ainsi, elle ressemblera au Dieu de douceur qui humanise par sa parole. Par ailleurs, la séquence de création de l'humanité n'est pas conclue par le traditionnel « Et Dieu vit que c'était bon », et cette absence confirmerait l'inachèvement humain. Faut-il en conclure que l'animalité, cette force sauvage, est liée à la sexualité et au désir ? Pas sûr. Et que penser de cette différence : faut-il l'exalter ou au contraire y voir le signe de l'inachèvement humain ? Question ouverte. C'est une belle découverte de lecteur de se rendre compte que la Bible suggère l'existence de ces potentialités, ni bonnes ni mauvaises, et invite à les maîtriser. À chacun d'être le « pasteur de sa propre animalité[7] ».

Enfin, la toute petite préposition qui lie le mâle « et » la femelle indique que leurs sorts sont indéfectiblement liés. Rien, dans ce texte, ne permet de dire que l'un des deux sexes tient le haut du pavé. Mâle et femelle sont les deux visages de l'humanité. Aussi liés l'un à l'autre que les deux versants d'une montagne... Chacun doit respecter et aimer l'autre, qui est pour lui le seul moyen

---

[6] André Wenin, *D'Adam à Abraham, les errances de l'humain. Lecture de Genèse 1, 1-12, 4*, Éditions du Cerf, coll. Lire la Bible n°148, 2007, p. 37-48.

[7] Paul Beauchamp, *Création et fondation de la Loi*, p. 141.

de contempler l'image de Dieu, car son image à lui, il ne la voit pas. C'est leur relation qui permet et construit l'image de Dieu. La relation est essentielle : elle est déjà Dieu au milieu d'eux.

L'irruption simultanée d'une différence

Une lecture rapide du second récit (Genèse 2-3) pourrait laisser croire, au contraire, que notre mère Ève a raté son entrée sur la scène de l'humanité. À écouter ce que la rumeur en a gardé, la femme accumulerait les bévues. D'abord elle n'arriverait que dans un second temps, comme par défaut, lorsque le Dieu potier se serait senti obligé de remettre la main dans la gadoue pour créer un second être, « différent ». Ensuite elle a le mauvais goût de céder au serpent trompeur...

De fait, dans les Églises chrétiennes, cette interprétation, visant d'une part à mettre la femme en subordination et d'autre part à souligner son rôle moteur dans le péché du premier couple, a tenu le haut du pavé depuis vingt siècles. Or, l'une comme l'autre affirmation sont fausses et ne font que refléter des cultures où les femmes n'ont pas voix au chapitre[8].

Pourtant, aujourd'hui encore, ces lectures vivent de leur vitesse acquise, même si les études des spécialistes les ont mises au tapis. Le commun des catholiques y souscrit sans sourciller. Posez la question, vous serez surpris des réponses : oui, la femme a été créée après, à

[8] Le monde juif, lui, savait très bien que le mâle biblique ne bénéficiait d'aucune antériorité. Il a cependant parfois cédé, lui aussi, aux sirènes de la domination masculine.

partir de la côte de l'homme, ainsi que nous le racontent par exemple les chatoyantes mosaïques de la basilique Saint Marc de Venise ou de Monreale en Sicile. Même le pape Jean-Paul II, dans *Mulieris Dignitatem* (IV, 10), en 1988, rappelle le « déséquilibre inscrit dès l'origine par le Créateur ».

Partons donc, à travers ce second récit, à la recherche de cet introuvable déséquilibre. De nouveau, l'affirmation est claire : c'est bien l'être humain générique que Dieu modèle en Genèse 2, 7, qu'il installe au jardin pour le garder et le cultiver, à qui il édicte une loi (Genèse 2, 16-17), et sur qui il fait tomber une torpeur afin de lui donner une aide assortie. C'est de cette torpeur que l'être humain se réveille « homme masculin » (îsh) et femme (ishshah).

Il n'y a donc pas d'antériorité de l'un sur l'autre sexe. Nous y reviendrons dans le chapitre suivant. Rachi, le célèbre commentateur juif du Moyen Âge suggère que Dieu coupe en deux un être humain indifférencié. S'il fallait une confirmation de l'intention du rédacteur biblique, on la trouverait au chapitre 5 qui commence ainsi : « Le jour où Dieu créa l'homme (*ha'adam*), il le fit à la ressemblance de Dieu, mâle et femelle il les créa, il les bénit et les appela du nom d'homme (*ha'adam*), au jour de leur création. »

Ainsi, de ces deux récits, celui que l'on croyait le plus hostile aux femmes confirme l'autre sans équivoque. La femme est traitée de façon identique à l'homme. Donc elle est aussi digne que son vis-à-vis.

Belle subversion d'un certain nombre de lieux communs ! Je me rends compte que les conséquences de cette petite correction exégétique ne sont même pas encore pensées dans l'anthropologie de l'Église catholique. En de multiples applications, celle-ci continue de faire « comme si » le masculin englobait le féminin. Et nous verrons bientôt que, malgré ses dénégations, elle continue de suivre les héritiers d'Aristote, Thomas et Bonaventure plutôt que ses Écritures qui lui ont pourtant donné Jésus, le Christ.

Mais surtout, je suis admirative. Quelle densité dans ces paroles ! La reconnaissance m'envahit. Si je joue un instant à endosser le rôle de la plaignante et à porter les plaintes des femmes victimes d'une histoire machiste, je mesure combien il est précieux de nous redire que Dieu est vraiment notre rocher. Notre rocher à nous, les femmes. Combien il nous faut en appeler à Dieu lui-même, et nous reporter jusqu'à l'aube du monde, là où tout a commencé, pour être justifiées. Merveille que Dieu ait si bien inspiré le narrateur ! Qu'il lui ait ouvert un chemin à rebours de toute la culture ambiante, patriarcale, prioritairement masculine. Merveille que le narrateur soit parvenu à exprimer avec tant de sobriété, si peu d'ostentation, sans même avoir l'air de le dire, l'égale dignité des deux versants de l'humanité. Pour oser un tel écart, ne fallait-il pas connaître, au sens biblique du mot, c'est-à-dire connaître par amour, que Dieu n'aimait pas moins les femmes que les hommes ?

Chapitre II

Cette fameuse différence

Voilà pour l'égalité entre l'homme et la femme : elle est indiscutable. Mais leur différence ? « Pas la peine de faire un dessin », me souffle la petite voix de l'évidence. Je ferraille un peu : certes, mais encore ? La Bible doit bien se colleter à la question de fond : qu'est un homme, qu'est une femme ? Je bafouille et le tracas me vient. Je connais ma Bible et le contenu de cette fameuse différence, cette « complémentarité », comme l'appellent souvent les textes pontificaux, « je ne la sens pas ». Enfin, il va bien falloir la trouver, depuis le temps qu'à nous autres femmes, on répète « complémentarité, complémentarité ! », comme la dernière planche de notre très hypothétique salut... En Genèse 2-3 vraiment... ? Je reste dubitative. J'ai l'impression qu'on m'envoie chercher le dahu au fin fond de la montagne.

Mon premier constat est que je mets le pied sur un sol très particulier. Les récits de création sont une étrange contrée. Premièrement leur genre littéraire, celui du récit mythique, me rappelle qu'ils sont tenus par leur culture d'origine comme une contrée *fabuleuse,* à la fois parce qu'elle use de la fable et parce qu'elle est prodigieusement riche. Les écrire, c'est s'atteler aux grandes questions de la vie, essentielles, compliquées à exprimer et rebelles au langage rationnel. Les mots semblent vous trahir, mais... il n'y a pas mieux. Les narrateurs le font sentir en mêlant des éléments fantastiques au récit, comme un serpent qui parle, afin que chacun comprenne bien qu'il est devant une énigme.

La seconde caractéristique de ces récits est que, ainsi placés en des origines que nul n'a vécues, dépourvus de tout témoin, ils nous informent surtout sur le monde des rédacteurs et sur leur expérience. La fiction des origines donne une plus grande autorité à des paroles de sagesse dont, en réalité, on a besoin de se servir tous les jours.

Aussi, ces récits ne peuvent être que suggestifs. Raconter n'est pas juger. C'est peut-être plaider, requérir, étayer, mais ce n'est jamais produire un énoncé normatif absolu. Tant mieux. Il est réconfortant que soit ainsi signifié combien les grands enjeux de la vie dépassent tout précepte de loi. La vocation d'un récit, c'est de rencontrer un lecteur. Et les grands récits, ceux qui sont inusables, sont ceux qui savent faire accéder le lecteur à une pluralité d'interprétations. Tant mieux si celles-ci resteront toujours des hypothèses. Ce refus d'en passer par la preuve est la chance du lecteur, car il lui permet d'exister, en véritable acteur qui investigue, soupèse et choisit. À cette condition, sa foi peut naître.

Ma première impression de lectrice du second récit, celui des chapitres 2 et 3 de la Genèse, est celle d'une extraordinaire tension. Dieu crée deux êtres humains en leur offrant en cadeau leur différence, viatique pour toutes leurs relations humaines. Et nous allons découvrir que ces êtres éprouvent une intense difficulté à la mettre en œuvre ! Osons même dire qu'ils échouent. Si Dieu aime la différence, force est de constater que l'homme, mais aussi la femme, ne l'aiment guère. Le premier acte de leur vie sera même de la nier de toutes leurs forces. Ce contraste me semble résumer à lui seul le drame de l'humanité.

Premier temps de l'enquête : comment Dieu met-il en œuvre cette différence ? À quoi ressemble-t-elle ? La manière dont il crée les deux êtres humains en donne le cadre[9]. Dieu, nous l'avons vu, s'avise : il n'est pas bon que l'humain soit seul, il a besoin d'une aide[10] (un vis-à-vis) qui lui soit assortie. Que de gloses sur le mot, dont on se croit autorisé à dire qu'il désigne la femme... À croire que tous ces messieurs avaient ainsi déniché un formidable vivier de main d'oeuvre ! Mais avant de savoir de qui il s'agit, j'observe que cette aide n'est ni une domestique ni une dame de compagnie. Il s'agit de bien davantage. Le besoin est ontologique : c'est vivre ou crever. L'être humain est en péril de solitude et cette maladie est mortelle. Grosse déprime. Tentative de suicide, peut-être...

Mais, reprenons l'histoire par le menu. Au chevet de sa nouvelle création menacée de solitude, Dieu fait défiler tous les animaux qu'il a créés. L'exercice surprend : nommer les animaux chasse-t-il la solitude ? Certes, nommer, surtout aux temps antiques, est un acte important. Cela donne le pouvoir d'interpeller, d'exercer une

[9] Genèse, 2, 18-24.

[10] Exactement : « un secours comme son vis-à-vis ». Phonétiquement, le mot utilisé répond au mot « solitude » du verset précédent. Quant au « comme », il suggère une approximation. Le vis-à-vis n'est pas un décalque trait pour trait.

maîtrise. Étrange, pour un partenariat... Si l'homme avait trouvé chez les animaux son vis-à-vis, l'inégalité entre eux aurait été évidente. Et justement, Dieu n'est pas satisfait de son plan : l'humain dépérit, il n'est pas heureux. Qu'attend-il que les animaux ne peuvent lui donner ? Le lecteur devine qu'il s'agit de la parole. Ne dit-on pas de son petit toutou adoré « qu'il ne lui manque que la parole » ? Le « vis-à-vis » que Dieu envisage de donner à l'humain parlera ; entre visages, on se raconte... Ainsi, il ne mourra pas. L'espèce humaine n'est donc viable qu'au pluriel, afin que circule entre tous la parole. Et la parole est le sang même de l'humanité. Mais comment le Dieu qui crée par sa parole, le Dieu du grand poème de Genèse 1, ne se serait-il pas exposé à un échec en omettant de doter de la parole celui qu'il venait de créer « à son image et à sa ressemblance » ? Essai raté, gaucherie divine parfaitement assumée ; on efface et on recommence. J'admire la concision de ce récit. Rien de ce que je dis là n'y est écrit. Mais sans ce soubassement de mots que le lecteur met à jour, le récit serait impossible à comprendre.

Tandis que *l'ha'adam* dormait

Dieu décide alors de s'y prendre autrement : « Le Seigneur Dieu fit tomber dans une torpeur l'homme qui s'endormit ; il prit l'une de ses côtes et referma la chair à sa place. Le Seigneur Dieu transforma la côte qu'il avait prise à l'homme en une femme qu'il lui amena. » (Genèse 2, 21-22)

Je lis et je relis la phrase. Je vérifie le texte hébreu : il est toujours question de l'*ha'adam*. Un *ha'adam* qui dort et va se réveiller avec une cicatrice et une femme que Dieu va placer à côté de lui. Comment « de lui » ? Mais… Non... pas « lui », ce n'est pas possible, il y a quelque chose qui cloche dans cette histoire. Je me ressaisis. Bon, récapitulons. Premier temps : qui s'endort ? L'*ha'adam*, l'humain. Second temps : qui se réveille ? Mais... mais... c'est l'homme masculin... bien sûr ! Ah, c'est bien vrai, j'aurais dû y penser depuis longtemps. Avant que l'*ha'adam* ne soit endormi, L'HOMME MASCULIN N'EXISTAIT PAS ! Tout simplement.

Et oui, la voilà, la subtilité du récit, si difficile à voir lorsque tout le mouvement d'une culture va à l'encontre : celui qui se réveille n'est pas celui qui s'est endormi. L'être humain antérieur disparaît de la scène : c'était une ébauche, un fantasme du Dieu potier, ou une image mentale de la condition humaine.

Mais, le plus surprenant reste à venir. Curieusement, il n'est d'abord question que de la femme. Certes, en ne citant qu'elle, le récit laisse croire qu'il y a continuité entre l'être humain et le masculin, il entretient l'illusion d'une antériorité du masculin. Mais c'est un leurre ! La logique du texte s'impose alors à moi : la femme n'est pas le vis-à-vis de l'être humain générique qui nommait les animaux, elle est le vis-à-vis de l'homme masculin que sa propre création vient de susciter, dans le même mouvement. Mais alors... Je m'appuie sur le texte, je sonde ses dessous et j'ose mettre des mots supplémentaires sous ceux qui sont déjà posés. En somme... si je comprends bien, ce n'est pas la femme qui vient de l'homme, mais la création de la femme qui fait exister l'homme. Fichtre ! Et il va falloir soutenir cela devant ces messieurs ? Pas gagné ! La réalité va être dure à avaler... Allons Messieurs, soyez beaux joueurs : avant l'heure, ce n'est pas l'heure. À force d'avoir voulu retenir la place en premier, à croire qu'elle n'était que pour vous, eh bien, vous avez agacé le Bon Dieu qui n'aime pas qu'on lui dicte ce qu'il a à faire : il a créé la femme. Du coup, votre création, Messieurs, passe totalement inaperçue...

Je comprends que le rédacteur biblique n'ait pas osé dire une chose pareille. Mais me revoilà sérieuse : c'est un choc : pour de vrai, la création de l'homme n'est pas racontée ! Je cherche encore, comme si je doutais d'avoir les yeux ouverts. Sans doute dois-je m'autoriser à dire « l'homme surgit en face de la femme ». Probablement. Mais le moment précis est insaisissable. La création de l'homme échappe au lecteur comme celle de la femme échappe à l'être humain endormi. Malgré cette subtile différence de traitement entre l'homme et la femme, cette dissymétrie inexpliquée, le mystère est le même. Et les mots pour le dire se dérobent, comme si l'auteur biblique avait voulu dire son impuissance. Ces abimes du texte m'impressionnent. Qu'il est long, le temps nécessaire, simplement pour ouvrir les yeux sur ce qui est là et qui gît sous les phrases, attendant qu'on vienne l'y chercher...

Je m'attarde à méditer sur le mystère de l'émergence d'autrui, sur cette évidence, plus souvent refusée qu'acceptée, que l'autre, pourtant mon semblable, survient, fait irruption dans ma vie sans que je sache comment il est arrivé là. Ce surgissement m'invite au silence. L'homme, devant la femme, a-t-il pris ce temps de contemplation ? Elle, oui, on sait qu'elle est restée silencieuse, mais lui ? N'a-t-il pas parlé trop vite devant cette autre qui est devant lui, cette femme qui est déjà là, sans pourquoi, incompréhensible, prodige de présence gratuite ? Les voilà ensemble maintenant, fruits du partage, chacun doté de la densité de son existence, chacun souverainement réel pour l'autre. Emmanuel Lévinas a écrit une très belle page sur le surgissement de « ce qui est ». En allemand, *es gibt*, il y a. Il était enfant, dans sa chambre, et le sommeil ne venait pas. L'évidence de l'existence des choses – les meubles, les murs, sa propre respiration – s'est alors imposée à lui avec une force qu'il ne soupçonnait pas. Ainsi l'homme et la femme ont peut-être été bouleversés de ce coup d'État réussi qu'ils deviennent l'un pour l'autre. Elle est là et je suis là, il est là et je suis là.

Ce secours que Dieu a promis et fourni est pris sur une part de l'humain. Pas seulement d'une des douze paires de côtes de sa cage thoracique[11], mais du côté, c'est-à-dire quasiment d'une moitié de lui, comme le suggère l'usage du mot hébreu utilisé ici qui désigne l'un des battants d'une porte[12].

L'humain est donc partagé en deux. Au contraire des animaux qui sont d'une autre espèce que l'humain, la femme et l'homme sont de la même famille, ont le même sang, la même chair, les mêmes os. Ces deux-là peuvent se secourir. Comme ces symboles antiques coupés en deux et dispersés jusqu'à leurs retrouvailles, l'homme et la femme sont chacun symbole pour l'autre, sa moitié perdue et retrouvée. Ceci définit le fondement des relations humaines : l'attraction vers l'autre. C'est ce qui manque qui fait aller vers autrui. Non pour le dévorer, car l'être humain sombrerait à nouveau dans la mélancolie qui ronge le solitaire, mais pour s'en approcher, en

---

[11] Eh oui, les traductions, même les plus récentes, en tiennent toujours pour la côte.

[12] Le mot hébreu *Çéla'* ne désigne jamais une côte, mais un côté, de l'arche d'Alliance, du Tabernacle du désert, du Temple, ou chacun des battants d'une porte.

jouir et s'en nourrir, dans la distance qui convient. Le manque est genèse, il est moteur, il est richesse. L'espèce humaine ne s'accomplit ni dans la totalité, ni dans la démesure, mais dans le manque. L'homme et la femme sont complets parce qu'il leur manque quelque chose.

La complémentarité sexuelle

Faut-il voir la trace de cette scission de l'humain dans la morphologie des deux sexes, faits « l'un pour l'autre », selon la géographie des sexes, une baie pour un cap, comme si les corps des deux humains ressemblaient à un ancien continent scindé en deux par un tsunami divin ? Peut-être, mais ce n'est pas dit. Certes, la différence des sexes sera évoquée à deux reprises, la première pour dire que l'homme et la femme n'avaient pas honte d'être nus (Genèse 2, 25), la seconde pour dire, au contraire, qu'ils en ont honte après avoir mangé du fruit (Genèse 3, 7). La différence des sexes est donc ce qui d'abord ne se voit pas, puis ce qui... se voit trop pour être vu et que, par conséquent, l'on cache. Elle est une pliure dans le récit. Fondamentale ou anodine ?

Cependant la création de cet autre qui prend toute une moitié de l'humain ne se résume pas à une complémentarité sexuelle qui, éventuellement, en générerait d'autres. J'insiste : elle n'est pas nommée ici ; l'homme et la femme ne sont pas encore un couple[13]. Par conséquent, pour évoquer une question actuelle, il me semble que l'on ne peut, à partir de ce seul texte, se dire « en règle » avec la différence originelle simplement au vu d'une orientation hétérosexuelle et que, a contrario,

[13] Ils ne le seront qu'en Genèse 4, 1 : « L'homme connut sa femme. »

l'homosexualité de quelqu'un ne suffit pas, à elle seule, à le placer hors du projet divin sur la différence. La complémentarité des sexes contribue à dire la différence entre l'homme et la femme, elle ne la signifie pas toute entière. Si la Bible avait voulu qu'elle la signifie, elle aurait explicité la chose.

Pourtant, rares sont les commentateurs ou prédicateurs qui, au cours de l'histoire, ont eu l'honnêteté de reconnaître que la Bible ne fonde pas la différence sur la seule complémentarité sexuelle. Ils préfèrent souvent suggérer le contraire et laisser croire que c'est la morphologie sexuelle qui fonderait la différence, sous un mode de complémentarité, et que celle-ci en générerait d'autres. De là à en déduire que Dieu veut les femmes « à leur place », c'est-à-dire une place retirée, cachée, il n'y a qu'un pas, très souvent franchi... Mais c'est un pas de trop !

Mais surtout, ce qui, dans ce verset, est aussi visible que le nez au milieu de la figure et qui éclaire un peu notre question initiale, c'est que cette différenciation des sexes n'est assortie d'aucun contenu positif. Ni l'homme ni la femme ne sont définis. Voilà une autre découverte majeure qui nous aidera à penser les débats actuels sur la question du genre[14] : Dieu n'institue ni le féminin ni le masculin. Rien ne dit comment se négocie la féminité ou la masculinité de chacun. Impossible, par exemple, de soutenir que la femme serait accueil, passivité, intuition, silence, secret, tandis que l'homme serait agression, audace, pénétration, vigueur, exhibition, rationalité. La Bible, en n'en soufflant mot, intègre ce fait d'expérience qu'il existe mille et une manières d'être femme ou homme et que l'un comme

[14] Voir chapitre VIII.

l'autre exercent leur liberté pour dire eux-mêmes comment ils fondent et vivent leur différence. La différence est affaire d'expérience et surtout de relation. À l'homme et à la femme de dire ce que leur apporte l'autre et comment cet autre modèle leur identité. Qu'ils l'appellent « complémentarité », libre à eux de le faire. Mais il s'agit alors d'expérience et non de théorie. Ce qui affleure dans ce récit, c'est la conscience que l'autre est un don, que tous deux appartiennent à la même famille et qu'ils doivent être le secours de l'autre.

Élargissant mon regard sur l'ensemble du récit, je constate alors que le sommeil de l'être humain ne fait que confirmer la fameuse consigne de Dieu donnée un peu plus tôt, que l'on nomme communément « l'interdit ». C'est d'ailleurs un tort de la nommer ainsi, car, en donnant à manger tous les arbres sauf un, elle organise plus un don qu'un interdit. « Le Seigneur prescrivit à l'homme : Tu pourras manger de tout arbre du jardin, mais tu ne mangeras pas de l'arbre de la connaissance de ce qui est bon ou mauvais, car du jour où tu en mangeras, tu devras mourir. » (versets 16-17) Cette consigne met en garde contre un désir totalisant, un désir oublieux des limites ; elle dénonce le risque de convoitise qui menace l'humain. Elle le fait au prix d'une double restriction, liée au savoir et à la nourriture. La torpeur de l'humain reproduit ce manque : l'humain est confronté à un manque de savoir et à une privation de quelque chose de lui. Mais ces quatre privations sont ce qui lui permet de vivre : s'il les met en œuvre, il ne meurt ni de faim, ni de solitude[15]. Et, selon la Bible, c'est sagesse que de le savoir et d'en vivre.

---

[15] André WÉNIN, *Ibid.*, p.75.

Main basse sur la chair de l'autre

C'est pourtant cette sagesse que l'homme, dès ses premiers mots, n'a pas su acquérir. Au sortir de sa torpeur, il s'exclame : « Pour le coup, c'est l'os de mes os et la chair de ma chair ! Celle-ci sera appelée femme (*ishsha*), car elle fut tirée de l'homme (*îsh*), celle-ci. » (verset 23)

Il est de tradition de souligner la joie et l'émerveillement de l'homme à la vue de sa compagne et d'insister sur la tendre proximité que ses paroles traduisent. Il est indéniable qu'un élan presque poétique traverse cette exclamation joyeuse. La plupart des commentateurs et des lecteurs s'y sont complus et s'en sont tenus là. Il n'empêche... Cet enthousiasme ne peut masquer quelques observations déroutantes : N'est-il pas étonnant que l'homme ne s'adresse pas à la femme ? Que celle-ci ne parle pas ? Et que le rédacteur continue de désigner l'homme masculin par le terme qui désigne l'humain en général ? L'aventure humaine semble ne pas commencer si bien qu'il y paraît...

L'absence de dialogue, en effet, questionne. L'homme semble n'avoir tiré qu'un seul enseignement de l'expérience antérieure, celle de la nomination des animaux : il continue de nommer. Mais celle qui lui fait face n'est-elle qu'un animal de plus, dont la chair, simplement, lui serait plus familière ? Est-elle un alter ego, une âme sœur ? L'homme semble ne pas avoir encore compris qu'il pouvait parler à quelqu'un. Son discours ne s'adresse à personne, il ne parle qu'à lui-même. Et la femme, à qui on ne peut pas reprocher de ne pas répondre puisque la parole ne lui a pas été adressée, n'en reste pas moins silencieuse, ce qui est déjà regrettable, car elle a aussi reçu le don de la parole. N'a-t-elle rien retenu de l'expérience de nomination des animaux qu'elle a pourtant vécue elle aussi, en tant qu'être humain ? Ne sait-elle pas qu'elle peut nommer son vis-à-vis et sortir du péril de solitude, dont Dieu propose qu'il soit guéri par le vis-à-vis avec qui on dialogue ? En somme, on dirait que pour elle le péril de solitude reste entier. La femme décrite ici est en position passive, presque dépressive. D'elle-même, elle se met en situation de dépendance, elle reste dans un état originel fusionnel.

Le second trait qui fâche est le contenu des paroles de l'homme. Quel cas fait-il de cette différence que Dieu vient d'instituer ? Ne la voit-il pas ? Ses propos ne font que souligner la similitude, et de surcroît avec des qualificatifs qui réduisent encore la différence. D'abord, le mot, *ishsha*, femme, n'est pas le simple féminin de *îsh*, homme ; c'est un mot différent. En le féminisant, l'homme le capte. Son attitude est renforcée par l'usage massif des pronoms possessifs (elle est « sa » chair, « ses » os) et par celui de la préposition *min*, qui signifie « hors de ». Notre homme est tout simplement en train d'essayer de faire croire que la femme n'est que « son » féminin, un « genre » dérivé du masculin, mais qu'elle n'est pas référée à l'humanité. Le voilà qui s'instaure référent naturel de l'espèce humaine et qu'il fait de la femme son satellite, sa chose. Elle n'a rien en propre, tout semble lui venir de lui, masculin. Rien de moins ! Par ailleurs, l'homme n'éprouve ni gratitude ni reconnaissance envers son donateur. Il se contente de dire qu'elle « a été prise », ce qui banalise l'acte divin. Manière subtile d'effacer le temps du sommeil, de le compter pour rien.

À n'en pas douter, ce premier vis-à-vis est une impasse : l'homme appelle la différence « similitude » et il se trompe. La femme l'appelle « passivité » et elle se trompe. Comme son prédécesseur, ce verset a un double fond... Il nous fait aussi prendre conscience que, selon la Bible, l'humanité commence avec une succession de ratés. Nous ne sommes pas les enfants de parents parfaits. Tant mieux, nous n'avons pas à les prendre pour modèles. Mais alors ? Cette expérience de la différence, où est-elle sinon, devant ? Où sont le féminin comme le masculin, sinon entre nos mains, à inventer ?

Quant à la persistance du mot *ha'adam*, humain, dans ce verset 23, alors que la séparation est faite – c'est l'homme masculin qui parle –, elle m'intrigue au point de me faire douter, de croire que je me suis trompée. Mais la relecture de Genèse 1, 27 me rassure : c'est bien le *ha'adam* qui est partagé en mâle et femelle. Preuve irréfutable qu'il désigne bien l'être humain générique. André Wénin est d'avis que cette persistance du *ha'adam* trahit l'intention critique du rédacteur[16]. Avec finesse, celui-ci suggérerait que l'homme *croit* qu'il est toute l'humanité. En proie à un puissant désir de totalité, il se pose en norme et elle, la femme différente, elle n'est que similitude que l'on peut donc dominer. Funeste réduction de la différence ! Au rebours de ce qu'on lui a fait dire, cette exaltation joyeuse porte avec elle la convoitise de l'homme, si ancienne qu'elle jaillit de ses premiers mots, malgré les mises en garde de Dieu.

[16] *Id.*, p. 81.

Ce constat rejoint la réflexion commune des commentateurs actuels au sujet de ce qu'on appelle « la chute ». Ce n'est ni un péché sexuel, ni une condamnation du savoir, mais c'est la convoitise, qui prouve que la confiance en Dieu a été troquée pour la défiance. Quand, au chapitre 3, la femme mangera du fruit défendu et que l'homme l'acceptera (devant passif à son tour !), ils montreront tous deux défiance et convoitise. Tout sc ticnt.

La tradition chrétienne, catholique surtout, a mis le projecteur sur la seconde étape, celle de la transgression de la femme, alors qu'elle est restée très laudative de la parole de l'homme au sortir de sa torpeur. Comment ne pas voir la misogynie dont elle a fait preuve, à la fois en s'empressant de condamner la femme et en attribuant à Dieu un partage des rôles plus culturel que divin ? Comme le serpent, elle a fait dire à Dieu des paroles qu'il n'avait jamais dites, elle a exercé une lourde férule sur les femmes, alors que la main du Dieu potier n'était que douceur, et elle a recouvert sa parole aimante par le doigt pointé de sa réprobation. De la première femme, elle a fait une coupable. Ces temps étaient anciens, plaideront certains. Mais les temps bibliques n'étaient-ils pas plus anciens encore ?

La différenciation d'avec ses parents

Ce stupéfiant récit nous réserve encore une surprise. Au verset suivant, le 24, changement de décor : « C'est pourquoi l'homme quitte son père et sa mère et s'attache à sa femme et ils deviennent une seule chair. » Nous voici transplantés dans la vie courante, en train d'écouter un enseignement d'ordre général sur la conduite harmonieuse de la vie conjugale. Seul le petit mot initial : « c'est pourquoi » montre qu'il y a un lien de cause à effet entre ce qui précède et ce que raconte ce verset. De fait, il est encore question de quitter, de marquer une différence entre des personnes, ici de génération différente. Est-ce la même ? Une autre ? L'une interfère-t-elle sur l'autre ? J'hésite à répondre, mais ce que je découvre me tient trop à cœur pour que je me taise. D'autres l'ont peut-être déjà écrit, mais leurs travaux n'ont pas croisé mes lectures. Voilà. Il me semble que si l'homme s'est fourvoyé, voulant posséder celle qui lui est donnée comme autre, c'est parce que le processus de séparation – donc de différenciation – d'avec ses propres parents n'est pas allé à son terme. Ce ne serait guère étonnant, car cet homme qui sort de la main de Dieu n'avait... ni père ni mère à quitter ! Il a des excuses. Je suggère donc que le verset 24 offre son rattrapage à l'homme du verset 23.

Mais la leçon est surtout pour nous, lecteurs. Se différencier n'est pas chose facile. Certains de nos élans trahissent une entreprise inachevée. Ainsi, croire trouver « l'âme sœur » dans un coup de foudre soudain, n'est-ce pas encore rêver d'une mère qui vous comble ou d'un père idéal ? Celui qui rêve ainsi n'a pas encore vraiment reconnu la différence réelle avec l'autre, ce mystère qui dure et durera toujours. L'autre ne se possède pas. On ne peut parler à sa place. Il est libre et imprévisible.

Il y a donc dans le récit lui-même de bonnes raisons pour éclairer la question de la différence originelle avec celle de la séparation d'un sujet d'avec ses parents, que l'on analyse aujourd'hui en termes de castration symbolique ou de complexe d'Œdipe. C'est cette séparation qui permet de comprendre ce que veut dire la différence instituée par le Créateur. Accepter qu'il existe un autre différent de soi, c'est le processus naturel de la séparation d'avec ses géniteurs pour devenir un sujet « unique », ce que souligne la mention finale concernant la chair. L'homme – ou la femme – qui a vraiment quitté père et mère ne dit plus de l'autre qu'il est sa chair ni ses os. Il a compris qu'il était « unique », inimitable, libre[17].

Je fais alors l'hypothèse que, si la différence entre l'homme et la femme n'a aucun contenu, c'est parce que la vraie différence se joue sur cette autre scène. La femme n'a rien en propre, ni qualités dites féminines ni défauts dits féminins. Rien n'est ici dit sur sa « nature ». La femme de Genèse n'est ni domestique ni femme d'affaires, ni féministe ni coquette. Cette absence de contenu entame grandement la thèse de la complémentarité hommes-femmes soutenue par le Magistère[18], précisément fondée sur l'ensemble que nous venons de lire. Certes, au chapitre 3, il sera question de la maternité de la femme, tandis que l'homme est condamné à un pénible travail de la terre[19]. Mais si la maternité devient un destin pour les femmes jusqu'à la fin des temps, pourquoi tous les hommes d'aujourd'hui ne sont-ils plus agriculteurs ? D'où vient ce traitement sélectif que le Magistère croit pouvoir instituer ?

---

[17] L'expression « une seule chair » a été interprétée comme une fusion des deux membres du couple. Or, le sens le plus près du texte est que chacun devient « une seule chair », c'est-à-dire une chair séparée de ses parents, unique.

[18] Elle sera abordée au chapitre VI.

[19] Genèse 3, 16 ; 19.

Les seules qualités soulignées ici sont la passivité féminine et la mainmise masculine. Mais nous avons vu que le rédacteur est loin de cautionner une telle attitude. Étonnant, il est vrai, que ce soit justement la mainmise et la passivité, ces attributs si souvent reconnus sans broncher, aux hommes d'un côté, aux femmes de l'autre, qui soient la cause du dérèglement des rapports hommes-femmes ! Le narrateur n'est-il pas en train de condamner des qualificatifs trop rapides qui, en fait, ne font qu'écorner la question de la « vraie » différence ? Si l'on écoute la Bible, la femme sera ce que son histoire la pousse à être. Sa position de vis-à-vis libre en face de l'homme – et vice versa – s'est jouée bien avant leur rencontre, dans la manière dont tous deux se sont séparés de leurs parents. La différence voulue par le Créateur commence dans la différenciation d'avec ses géniteurs. Parents autant qu'enfants en sont les co-créateurs, à l'image de Dieu. À cette condition, chacun est « unique », différent d'autrui – homme ou femme d'ailleurs – et il invente « sa » manière de vivre au jour le jour cette différence.

Que conclure de ce prodigieux récit qui puisse faire avancer notre question ?

Que la différence entre l'homme et la femme n'a pas de contenu positif. Dieu n'a pas créé le féminin ni le masculin. Il n'existe pas de « modèle féminin », qui exaucerait une nature, celle de « la femme ». Mais il y a des femmes et des hommes, tous différents les uns des autres.

Que la différence instituée par le Créateur dépasse de loin la différence des sexes. Elle est d'abord la différenciation qui consiste à se séparer pour être unique.

Que respecter la différence, c'est ne pas faire main basse sur l'autre, comme l'a fait l'homme qui capte la femme.

Que la différence entre l'homme et la femme est instituée « à l'origine » du monde et de notre existence, mais elle n'est au début qu'une conviction, un cadeau dont on ne sait pas très bien comment on l'utilisera. Il faut vivre pour savoir ce qu'on en fera. Dieu la donne comme une potentialité, celle de se différencier, mais elle ne sera vraiment accomplie qu'au terme de notre histoire personnelle. À la fois entre nos mains et calée sur l'horizon. Inachèvement et promesse d'achèvement.

CHAPITRE III

Les femmes de la Bible

Les femmes de la Bible n'ont jamais été aussi nombreuses... qu'aujourd'hui. Hier quantité négligeable, les voilà sous les sunlight. On se met à les voir pour la simple raison qu'il existe aujourd'hui davantage de femmes qui lisent et commentent la Bible[20]. Et par conséquent davantage d'hommes qui, stimulés par cet intérêt, s'y intéressent aussi[21]. Ce constat prouve encore une fois que l'on ne va jamais chercher que ce qui nous intéresse, même et surtout dans la Bible. Les prêtres y ont cherché les fondements de leur ministère, les politiques des modèles de gouvernement et les rois de France ont même osé y reconnaître leurs ancêtres ! Si cette démarche est nécessaire, car la Bible est faite pour son lecteur, elle ne doit pas rendre aveugle sur ce que dit le texte et elle suppose que le tour de table des lecteurs soit ouvert à

[20] Ont écrit sur les femmes, par exemple, Jacqueline KÉLEN, France QUÉRÉ (*Les femmes de l'Évangile)*, Corinne LANOIR (*Femmes rebelles, femmes fatales dans le livre des Juges)*, Janine ELKOUBY, Irmtraud FISCHER, dans sa trilogie biblique, *Des femmes aux prises avec Dieu,* 2008, *Des femmes messagères de Dieu*, 2008, *Femmes sages et dame Sagesse dans l'Ancien Testament*, Cerf, 2009.

[21] Par exemple : Camille FOCANT et André WÉNIN, *Vives femmes de la Bible*, Éd. Lessius ; Marek HALTER, *La Bible au féminin*, T1, T2, T3.

tous. Aujourd'hui, donc, les femmes de la Bible suscitent un intérêt certain et on comprend de mieux en mieux le pourquoi de leur présence et de leur action dans le cadre global du projet biblique.

La fin des commentaires misogynes ?

Jusqu'à une époque récente, en effet, peu de lecteurs ouvraient leur Bible avec un œil sur les femmes et un autre sur les hommes. Le sexe n'était pas une grille de lecture ordinaire. Le poids décisionnaire des hommes faisait qu'on regardait la Bible avec des yeux d'homme et qu'on actualisait le texte avec tout son être, c'est-à-dire avec les forces et les faiblesses de sa position sociale d'être masculin.

Les pionnières de l'émancipation féminine, accablées par des siècles d'une misogynie qui faisait quasiment d'Ève la source du péché de l'humanité, ont eu une certaine difficulté à envisager que la Bible puisse devenir leur alliée. Elle leur paraissait trop prisonnière de la société patriarcale pour ne pas favoriser le patriarcat de l'Église qu'elles étaient en train de dénoncer et dont elles voyaient bien qu'il s'accompagnait d'images masculines de Dieu souvent puisées dans la Bible, même si celle-ci use aussi de figures féminines comme la sagesse (*sophia*) ou l'Esprit (*ruah*, nom féminin hébreu).

Même la théologienne catholique Marie-Jeanne Bérère[22] garde comme impression dominante que le Premier Testament est discriminant envers les femmes pour cause d'impuretés rituelles, ce qui est vrai, mais compte

[22] *Et si on ordonnait des femmes* ?, Centurion, 1982, p. 75 à 87.

tenu du fait que toutes les prescriptions du Lévitique sont considérées comme caduques par les chrétiens, ce fait est très marginal par rapport à tout ce que la Bible dit d'elles. Il aura fallu qu'une deuxième génération de femmes enquête, se faisant exégètes et non plus d'abord théologiennes, pour que le regard change. Peu de temps nous sépare des premières femmes autorisées à suivre des cours d'exégèse et de philosophie thomiste à l'Institut catholique de Paris. C'était en 1953, elles étaient vingt-sept religieuses triées sur le volet et séparées de leurs confrères étudiants masculins...

On vérifie de plus en plus que ce sont les commentateurs masculins qui sont machistes et non la Bible elle-même. L'arrivée de ces exégètes femmes rend aux femmes de la Bible leur densité propre. Ainsi, Corinne Lanoir, bibliste protestante, a montré le rôle emblématique des femmes (en particulier Deborah et Yaël) du livre des Juges, livre très important, car, pour critiquer la royauté, il exalte le temps des débuts, encore fidèle au Seigneur.

Tout récemment, l'exégète autrichienne Irmtraud Fischer, se livrant à un inventaire systématique des figures féminines du Premier Testament, intègre dans une théologie biblique globale des faits et des figures de femmes jusque-là rarement interprétés.

Elle montre surtout que les femmes ont fortement contribué au prophétisme juif, soit qu'elles l'ont soutenu, soit qu'elles ont été d'authentiques prophètes. Dans la partie de la Bible hébraïque appelée « Prophètes antérieurs », le premier successeur de Moïse est... une femme, Deborah, tandis que le dernier en est une autre, Hulda. La première gouverne le peuple en paix sur sa terre – elle est « juge en Israël » – tandis que la seconde, bien longtemps après, est consultée par le roi Josias qui veut centraliser le culte à Jérusalem en s'appuyant sur la découverte opportune du livre du Deutéronome, ou « Seconde Loi » (2 R 21-22). Cette Hulda que bien peu de chrétiens connaissent est donc associée à la plus grande entreprise de restauration religieuse d'Israël : en canonisant cette « seconde Loi », elle succède à Moïse, dépositaire de la première. Bel honneur !

Attention terrain miné !

Débusquer la misogynie latente des commentateurs ne suffit cependant pas à se faire une idée juste de la place des femmes. Plusieurs écueils demeurent. Le premier, c'est que nous sommes des modernes, avec un regard de modernes. Or, les sociétés anciennes sont patriarcales ; les femmes sont le plus souvent exclues de la vie publique, du gouvernement, du culte, et elles sont sous l'autorité de leur mari. La Bible en porte la marque. Ce ne sont pas des femmes qui vont parlementer avec Pharaon, ni ouvrir la mer de leur bâton, ni grimper au sommet du Sinaï... On croise parfois, au fil des pages, des paroles raides, mettant les femmes « à leur place », c'est-à-dire là où la société du temps les installe. Les féministes des années soixante dix s'en sont émues, allant même jusqu'à demander que l'on ampute les livres bibliques, en particulier le psautier, de leurs passages les plus rudes et qu'on ne les choisisse pas dans les lectures liturgiques. Certes, la prudence devant des personnes peu averties est parfois nécessaire. Beaucoup de femmes ont été blessées par le fameux « Femmes soyez soumises à vos maris ! » de Paul (Éphésiens 5,22)[23]. Certes, c'est un verset qui a son âge... Mais un lecteur qui croit en sa compétence de lecteur intègre sans peine ce type de décalage culturel. Il ne fait en cela que suivre les consignes constantes de l'Église, qui cherche l'esprit plus que la lettre et essaie de se garder d'une lecture fondamentaliste.

Pourtant, même dans ce cadre patriarcal, le peuple juif, du fait de sa foi en un Dieu qui aime autant les filles d'Abraham que ses fils, a reconnu une certaine capacité d'action aux femmes. Certaines sont de parfaites héroïnes épiques. Ainsi Deborah gouverne ; Judith, en tuant le chef de guerre Holopherne, sauve Israël de l'oppression ennemie ; Esther, courtisane devenue épouse du roi perse Assuérus, évite à son peuple le génocide. Le judaïsme a sans doute aussi plus que d'autres cultures permis aux femmes d'accéder à un savoir intellectuel, celui des Écritures, comme le prouve l'exemple de Marie. Et d'ailleurs, certains exégètes n'excluent pas que des écrits bibliques leur soient attribuables, comme le *Cantique des cantiques* ou des psaumes.

Mais, que ces femmes soient soumises, héroïques ou savantes, peu importe en ce qui concerne la cause de l'émancipation féminine dans son sens strict. Elles ne la servent

[23] Muni du verset qui le précède « Vous tous qui craignez le Seigneur, soumettez-vous les uns aux autres », cette consigne sonne plus juste. Mais le malheur est que la liturgie a justement choisi de lire cette exhortation à partir du verset qui fait mal ! On oublie aussi le verset suivant : « Maris, aimez vos femmes comme le Christ a aimé l'Église... ».

ni ne la desservent. Il est inadéquat de les juger avec cette grille de lecture. Ces femmes ont vécu dans un monde qui est aux antipodes du nôtre. Ce qu'elles nous apprennent est d'un autre ordre.

Des histoires de famille

Leur champ d'action le plus habituel est la famille. En ces temps anciens où postérité égale prospérité, la conduite des générations est une préoccupation fondamentale. C'est pour cela que la victoire contre la stérilité est la première action de Dieu dans l'histoire d'Israël. En donnant à Sarah une descendance (Genèse 17, 16 ; 18, 10), Dieu ré-ouvre les portes de son histoire au peuple qu'il s'est donné. Il fait de même avec Anne, la femme stérile que son entourage croit prise de vin doux, mais qui n'est ivre que de chagrin. N'en déduisons pas trop vite que les femmes de la Bible ne sont que des génitrices ! La réalité est plus fine. Les matriarches (d'ailleurs bien mieux honorées par la tradition juive que par les chrétiens) utilisent avec habileté leurs talents pour changer le cours des choses. Ainsi Rebecca favorise-t-elle Jacob contre son jumeau Esaü, ainsi Rachel rivalise-t-elle avec sa sœur Léa pour donner une postérité à Jacob.

La sauvegarde de la vie est souvent confiée aux femmes. L'exemple qui attendrit tout lecteur est celui de l'enfant Moïse, menacé de mort par Pharaon, comme tous les petits garçons hébreux. Sa sœur et sa mère, devenue simple nourrice pour les besoins de la cause, font tout pour le sauver avec le concours inattendu d'une femme de cœur, la fille de Pharaon (Exode 2,1-10). C'est encore une sœur de Moïse et d'Aaron (la même ?), Myriam, qui, une fois la Mer franchie, sur la rive de la liberté, chante et danse de joie pour le Seigneur en un cantique si éclatant d'allégresse qu'il fait notre vigile pascale.

À l'autre bout de la vie aussi, elles sont là. Elles sont au pied de la croix de Jésus puis, après sa mort, devant son tombeau. Les quatre évangiles les mentionnent, ce qui est rare. Ces femmes attestent que celui qu'elles ont vu mort est désormais vivant.

Mais... à force de décliner les modalités selon lesquelles les femmes agissent, le pas serait vite franchi de croire que ces qualités sont « typiquement féminines » et exauceraient une « nature » féminine. Là me semble être le second écueil auquel s'exposent des interprétations trop tranchées. Je pense, pour ma part, qu'il faut résister à ce que certains et certaines voudraient ériger en théorie, à savoir que la Bible conférerait aux femmes une disponibilité « naturelle » à défendre la vie. Je crois qu'il en est ainsi parce que la culture du temps les fait sages femmes, ou pleureuses lors des deuils. Mais ces rôles, tout nobles qu'ils soient, sont culturels, même si un nombre considérable de cultures les partagent. Existe-t-il, au-delà de ces constats, un socle biologique attribuable à « la nature » ? Vaste question ! La neurobiologiste Catherine Vidal[24], par exemple, a déjà répondu qu'il n'existait pas de différences notables entre les cerveaux féminin et masculin. Mais il est incontestable que la biologie imprime sa marque sur chaque être humain en lui donnant un sexe, « son sexe », à charge à lui ensuite d'en faire une construction psychique qui lui permette de vivre heureux. Sans doute serait-il plus sûr de reconnaître qu'un

[24] « Le cerveau a-t-il un sexe ? », conférence à Lyon, 2007.

certain nombre de femmes assument bien ce rôle de défenseure de la vie, mais que rien ne permet d'en faire un principe absolu, d'abord parce que toutes les femmes ne s'y retrouvent pas et ensuite, parce que des hommes manifestent eux aussi des aptitudes à défendre la vie. Les deux vilaines reines d'Israël, Jézabel qui fait assassiner le pauvre Nabot pour lui prendre son champ et Athalie qui tue ses enfants, sont-elles du côté de la vie ? Et le vieux Syméon, pétri de tendresse, qui prend Jésus dans ses bras, ne l'est-il pas ? La Bible applique aux femmes des codes de comportement qui sont culturels, elle ne prétend jamais le faire au nom de la nature. Elle reste fidèle à la ligne instaurée en Genèse : elle ne donne pas de modèle féminin qui soit instauré à l'origine par Dieu.

Enfin – c'est le troisième écueil –, il faut reconnaître que les femmes, dans la Bible, sont parfois objet de violences épouvantables. On y croise pléthore de viols, de destins brisés, de femmes bafouées, comme cette toute jeune femme mise de force dans le lit de David, au soir de sa vie, « pour le réchauffer » (1 Rois 1, 1-4), ou comme la concubine d'un lévite de la tribu d'Ephraïm, violée jusqu'à ce que mort s'ensuive par les hommes de la tribu adverse, celle de Benjamin, qui est ensuite coupée en morceaux par son concubin (Juges 19, 29). Il faut prendre conscience que la Bible raconte des vies, non des modèles de vies. Et si elle mentionne avec tant de vérité et d'insistance ces récits de violence contre les femmes, c'est qu'elle les dénonce comme les pages sombres d'une chronique de famille. Comment ne pas voir que découper une femme déjà morte, c'est hurler sa rage et son désespoir devant l'odieuse violence subie ?

Encore une fois, il ne faudrait pas juger les femmes de la Bible avec nos expériences de femmes du XXIe siècle qui ont une vie privée et une vie publique. La vie familiale aux temps anciens n'est pas un petit nid isolé du monde. C'est le lieu le plus stratégique qui soit : là se joue la survie de la famille, du clan, de la tribu. Israël est un tout petit peuple sans prétention hégémonique dans sa sphère régionale. Et la Bible a bien choisi de montrer l'essentiel. Elle ne raconte pas la saga conquérante de bâtisseurs d'empire, mais une « histoire de famille », celle des patriarches et de leurs descendants, pères des douze tribus qui constituent Israël. Au sein de cette histoire, les femmes jouent leur partie. Et sur le strict plan de l'efficacité, elles « tiennent la route ». Rien ne permet donc de discréditer ou même de minimiser leurs contributions.

CHAPITRE IV

Une grande histoire d'amour

Ce qui s'est passé entre Jésus et les femmes est une très belle histoire d'amour. C'est l'un des hauts lieux du christianisme. On s'en approche comme Moïse s'est approché du buisson ardent, poussé à faire le détour pour voir, et tout à coup en arrêt devant l'inouï de ce buisson qui brûle sans se consumer (Exode 3, 1-6). La relation qui s'est nouée entre Jésus et les femmes est de cet ordre-là. Elle est un buisson qui brûle et ne se consume pas. Les mots qu'ils se disent sont autant de brindilles qui crépitent, et le feu qui se déploie irradie de sa lumière et de sa chaleur les pages des évangiles. Et nous y venons, nous aussi, sandales délacées, c'est-à-dire conscients de la grandeur de ce qui se joue. Non pas, comme des amateurs de scandale, en imaginant que Jésus ait eu des aventures d'ordre sexuel avec Marie de Magdala ou avec une autre, ce que rien dans les évangiles ne permet d'affirmer, mais en contemplant ce que ces femmes et cet homme ont vécu ensemble, elles grâce à lui, et lui grâce à elles. Et il n'est pas difficile de voir que cette relation, profondément amoureuse et retenue de tout passage à l'acte, est sexuée, parce que la différence homme-femme joue, travaille, et produit de la vie. Elle met en œuvre un désir qui, pour être pleinement spirituel, n'en est pas pour autant éthéré. Son théâtre, c'est vraiment le corps humain, celui de Jésus comme celui des femmes, avec tout le bagage de sensations et d'émotions dont il est capable. Et la psyché prend elle aussi sa part du travail. Elle donne sens à ce que le corps ressent, et elle inscrit dans le corps (quand les mots sont impossibles, c'est le corps qui se met à parler) ce qu'elle veut dire. Lorsque Marie, sœur de Marthe, répand son parfum sur les pieds de Jésus et fait de ses cheveux le linge qui les essuie, elle ose un geste d'une sensualité inouïe. Et Jésus ne la dissuade nullement, au contraire : « Laisse-la ! Elle observe cet usage en vue de mon ensevelissement. » (Jean 12, 1-8) Cette parole définit assez bien la nature de cette relation amoureuse : la sensualité existe, elle est reconnue, mise en oeuvre, mais elle est sublimée, au service d'un au-delà qui ne se voit pas : l'ensevelissement du corps est le prélude à la résurrection, donc à la rencontre future, non charnelle, qui attend le croyant.

Les grands rôles

Osons tout d'abord dire que, dans les évangiles, ce sont vraiment les femmes qui ont tenu les grands rôles. Comment égaler les prestations de Marie, qui accueille l'enfant en son sein, de Marie-Madeleine, embarquée à la suite de Jésus, guérie par lui de ses sept démons, présente à la croix et première à voir Jésus vivant hors du tombeau, devenue l'apôtre des apôtres en allant annoncer aux apôtres l'inouï de la résurrection, de la Samaritaine, qui discute théologie d'égal à égal avec lui, de Marthe dont le témoignage de confiance et de foi en Jésus, qu'elle reconnaît comme l'envoyé de Dieu, est l'un des plus forts de tout le Nouveau Testament, d'Élisabeth, dont l'enfant tressaille à la venue de Jésus, de la Cananéenne enfin qui, fait exceptionnel, convainc Jésus – malgré ses préventions – d'étendre son salut hors frontières, jusqu'aux païens « impurs » ?

Ces femmes sont d'une audace et d'une liberté peu communes. Elles disent et elles font ; leur oui reste un oui. Et devant la moquerie, la contradiction, et surtout l'épreuve décisive, elles ne défaillent pas. Leur rôle effectif est décisif, non seulement dans l'accueil de la Bonne Nouvelle, mais aussi dans la construction du Royaume, déjà à l'oeuvre en ce monde. Les femmes sont actives, écoutent, se laissent convertir avec enthousiasme et portent même la parole autour d'elles.

Luc, qui les mentionne au fil de son récit[25], décrit très finement les modalités de leur apparition et leur statut, en tension avec le groupe des Douze. Comme les Douze, elles sont dans une liste, nommées, ce qui leur confère une responsabilité personnelle ; comme le cercle intime des hommes, Pierre, Jacques et Jean, elles sont trois, « Marie de Magdala, Jeanne, femme de Chouza, intendant d'Hérode, Suzanne et beaucoup d'autres. » (Luc 8, 1-2) Leur statut est plus défini qu'on le croit. « Les hommes répandent le message, tandis que le 'service' des femmes consolide la vie de la communauté... La double activité des communautés post pascales, prédication et diaconie, a dû se développer dès avant Pâques. Pour légitimer la diaconie des femmes dans l'Église, il faut en

[25] Matthieu et Marc rappellent aussi qu'elles suivaient Jésus, mais ils ne le disent qu'au moment du récit de sa mort.

fixer l'origine avant Pâques, dans la période galiléenne de la vie de Jésus[26]. »

Observation importante, car elle fonde les demandes actuelles des femmes envers le service diaconal. Il faudrait ajouter que ce privilège masculin de l'annonce reconnu aux Douze par Matthieu, Marc et Luc, est différemment organisé chez Jean. Celui-ci n'institue pas les Douze : il constate qu'ils existent[27]. Par contre, il confie à la Samaritaine et à Marie de Magdala des fonctions essentielles. L'une annonce, au début de l'évangile, qu'elle a rencontré le Messie, l'autre, en son terme, qu'il est ressuscité.

Certes, les Douze sont des hommes. Mais comment imaginer qu'ils puissent être des femmes dans un tel contexte culturel ? Les Douze sont douze en référence aux douze tribus d'Israël, elles-mêmes fondées par les douze fils de Jacob, des hommes, bien sûr. La voilà, la société patriarcale déjà évoquée.

Jésus et les femmes

Pour comprendre les modalités de la rencontre entre Jésus et les femmes, commençons par observer – à tout seigneur tout honneur – comment Jésus a considéré les femmes, en comparant son attitude à celle de Paul. La différence saute aux yeux. Paul, dans ses lettres, a deux objectifs : il montre en quoi la foi a des conséquences importantes dans la vie familiale et publique des croyants

---

[26] François Bovon, *L'Évangile selon Luc*, Labor et Fides, tome 1, 1991, p. 388.

[27] Jean 6, 67.

et il aide les jeunes communautés à poser les bases de leur organisation. Comme le pilote d'une embarcation encore fragile, il signale aux marins les rochers à éviter, les passages les plus sûrs, les vents contraires qu'il faudra affronter. Il est donc préoccupé des aspects institutionnels que rencontre toute communauté et, quand le sujet s'y prête, il évoque la vie des femmes, leur tenue dans les assemblées, leur vie conjugale. De fait, il oblige continuellement le lecteur à distinguer ce qui est culturellement dépassé de ce qui demeure. Par contre, le côté plus chaleureux de l'homme se voit dans les débuts et conclusions de ses lettres, où il salue ses interlocuteurs. Là, on voit qu'il manifeste de l'affection, autant envers les femmes que les hommes.

C'est dans un tout autre climat qu'est plongé le lecteur lorsqu'il écoute Jésus parler à une femme. Pour mieux l'appréhender, rappelons le but poursuivi par Jésus. Ses premières paroles le révèlent : Convertissez-vous ! » (Matthieu 4, 17) ou « Que cherchez-vous ? » (Jean 1, 38). Jésus cherche la conversion des cœurs, l'éclosion du désir de Dieu. Il parle au cœur humain pour que celui-ci se tourne vers Dieu et soit sauvé. D'emblée, tous les dialogues de Jésus se placent dans cette perspective. À l'inverse de Paul, Jésus ne s'attarde pas sur la fonction des institutions, même s'il la trouve justifiée, sauf s'il veut débusquer les entraves à la liberté et à la dignité des individus. Ainsi, à propos de l'institution matrimoniale, a-t-il dénoncé la pratique – légale, mais injuste – de la répudiation qui touchait les femmes, répudiées selon le bon vouloir de leurs maris[28].

[28] Matthieu 19, 1-9.

Il a donc bien accueilli les femmes, sans aucun préjugé[29], mais surtout, il a ignoré tout l'appareil légal qui entravait leur liberté, ce qui est une manière de le nier et de libérer ceux qui plient sous son joug. Jamais il n'a mis en avant les règles de pureté qui avaient tant d'importance dans le judaïsme, jamais il n'a clos la vie des femmes dans un destin, toujours il a cherché à les remettre debout lorsque la maladie ou l'exclusion les menaçait, toujours il a honoré leur parole et leur dignité à l'égal de celles des hommes. Combien de juifs d'alors auraient soutenu comme lui la femme adultère ? Certes, Jésus a aussi bien guéri une Marie de Magdala que des hommes, comme l'aveugle-né, mais ce qui est révolutionnaire, c'est que sa miséricorde n'a fait aucun tri parmi les êtres humains. Puissants ou miséreux, exclus, renégats, hommes ou femmes, Jésus n'a écarté personne. Pour les femmes qui, alors, étaient dans un statut second, Jésus a incontestablement été un libérateur.

J'ose aussi une affirmation peu courante, tellement la grandeur de Jésus a tendance à faire oublier la contribution propre de ses interlocuteurs. Je crois que Jésus a beaucoup reçu des femmes. C'est peut-être là qu'il est utile d'avoir un œil du côté des hommes et un autre du côté des femmes. Quelle différence ! Des hommes, Jésus reçoit du débat, de la controverse intellectuelle. Ils lui reprochent ses manquements à la Loi ou son lien particulier à Dieu, ou contestent son pouvoir, comme l'ont fait Nicodème, les Pharisiens, ou même certains de ses disciples les plus proches, comme Philippe ou les fils

[29] Sauf envers la Cananéenne qu'il commence par repousser, sans doute parce qu'elle est d'une nation impure.

de Zébédée ; d'autres, comme Pierre, peinent à dire leur foi. Leur rapport est plutôt celui de la joute, pouvant aller jusqu'à la rivalité. Les femmes n'en ont rien à faire, même si la Samaritaine sait très bien discuter théologie avec Jésus. D'une part, elles ne se mettent pas en rivalité avec lui, d'autre part, la question du pouvoir ne les intéresse pas. Le chemin qui les conduit vers Jésus est donc sans chicanes, aplani, plus évident. Les seuls moments de désaccord de Jésus avec une femme sont avec sa mère, d'abord à douze ans, lorsqu'il préfère le Temple à la compagnie de ses parents[30] et lorsqu'il éconduit sa mère et ses frères, venus le chercher[31]. Il n'est pas inutile de noter qu'il existe des femmes hostiles au mouvement évangélique, telles Hérodiade ou la servante de Caïphe. Ceci montre bien que les femmes ne sont pas toutes coulées dans un modèle unique.

Peut-on pousser le questionnement d'un pas, et suggérer que Jésus attendait des femmes, non seulement qu'elles embrassent la foi, mais aussi qu'elles le confortent dans ce qu'il avait à accomplir, qu'elles le soutiennent, lui, Jésus ? Je le pense. Nous verrons bientôt combien l'attitude de sa mère, de Marthe et de sa sœur Marie, de la Samaritaine aussi, l'ont fortifié, dynamisé, poussé en avant, mais retenons déjà que Jésus a pu activement chercher cette aide. Son amitié avec la famille de Lazare et de ses sœurs le prouverait. Souvent, Jésus se rendait chez ceux que les évangiles appellent ses amis. Sans doute, comme tout être humain, était-il demandeur, de réconfort, de soutien, de fraternité. Mais de Lazare, nul ne

[30] Luc 2, 41-50.
[31] Marc 3, 31-35.

sait ce que Jésus a reçu, alors que nous pouvons presque quantifier ce que Marie et Marthe lui ont apporté. Je dirai volontiers que Jésus se tient dans une fidèle obéissance à la différence instituée par le Créateur en Genèse 2 : il va vers les femmes comme un homme qui assume parfaitement ce qui lui manque et il se réjouit de la différence. Et de fait, elles lui apportent ce qu'il cherche.

L'accueil des femmes

Mais il faut remettre les choses dans leur juste perspective. Si Jésus a aimé les femmes, à commencer par sa mère, elles le lui ont bien rendu, car elles ont particulièrement bien accueilli la Bonne Nouvelle évangélique. Et c'est cela, me semble-t-il, qui nous réserve le plus de surprises. Pour le dire trivialement, les femmes « ont été le chercher ». Et une fois qu'elles l'ont trouvé, elles l'ont beaucoup aimé, d'une manière à la fois très naturelle et très exceptionnelle. Leur secret ? Il me paraît simple et immense : pour elles, il était un être humain aux possibilités infinies. Jusqu'à celle d'être Dieu. Bien avant les grandes paroles du concile de Chalcédoine, en 451, il a pu être pour elles ce « vrai Dieu et vrai homme » en qui se porte la foi chrétienne.

Cela se voit d'abord à la capacité qu'elles ont de demander du secours. Si elles ont besoin, elles demandent. Et tant pis pour le quant-à-soi, pour la réserve polie. Si l'on a foi en l'autre, en sa rencontre, on lui montre sa confiance en osant dire ce qui ne va pas, en espérant que cela ira mieux. Intéressant de constater que la démarche religieuse des femmes prend appui, non sur des présupposés théologiques, mais sur une demande de type anthropologique.

La Samaritaine qui demande de ne plus venir puiser l'eau dont elle a soif, la Cananéenne dont la fillette souffre, Marthe pleurant son frère, sont toutes des femmes qui prennent acte de leur souffrance et refusent de lui laisser le dernier mot. Ces femmes sont capables de se lever le matin dans le malheur, avec une foi suffisante pour croire que le soir elles en seront délivrées. Parce qu'un être humain, cela vaut mieux que du malheur. Ce constat n'est pas secondaire : il atteste une belle énergie intérieure, un puissant travail sur soi pour dire « non » à un destin malheureux, « non » à une soumission sans remèdes, au nom de l'inouï qui peut survenir dans toute histoire humaine, fut-elle la plus modeste.

Et ces femmes vouent à Jésus une confiance totale, sans même peut-être attendre la preuve qu'il la mérite. Ainsi ont fait Marie à Cana, puis Marthe et Marie : « Si tu avais été ici, mon frère ne serait pas mort », disent-elles toutes les deux (Jean 11, 21).

Ces femmes le reconnaissaient pour ce qu'elles voyaient, sa liberté totale par rapport aux puissants, au culte, à la Loi, pour son souci de la justice, et aussi pour ce qu'elles ressentaient devant lui, la qualité de sa présence et l'impact émotionnel qu'il avait sur elles.

Elles ont surtout compris que ce qu'elles voyaient de leurs yeux de chair exauçait ce qu'elles voyaient déjà avec les yeux de la foi, c'est-à-dire que Jésus accomplissait les promesses faites à Israël. Et elles le disent avec une conviction peu commune, comme si tout en elles déjà était prêt à accueillir l'événement. Mais en réalité, quelle intense préparation cela suppose ! Le premier versant de cette préparation est de se fier aux Écritures, de les tenir pour un socle d'une incontestable fermeté : ce que les pères, les prophètes et les sages ont annoncé, c'est du solide, cela justifie d'y prêter sa foi. Les femmes des évangiles sont de très bonnes lectrices des Écritures. Si elles ravaudent, elles font aussi travailler leur tête. Le second aspect de leur préparation est d'avoir depuis longtemps identifié que Dieu était l'objet majeur de leur désir et que ce désir méritait d'être nourri et fortifié. Attendre les signes de Dieu, s'éduquer à les reconnaître, les femmes, « en vraies pro » s'y étaient déjà longuement exercées.

Le plus bel exemple est celui de Marie, qui, dans le Magnificat, exalte le Seigneur « venu en aide à Israël son serviteur... comme il l'avait dit à nos pères » (Luc 1, 54). Marie, comme postée à chacune des pages des Écritures juives, tant elles lui sont familières[32], atteste que Jésus est celui qu'elles ont annoncé et qu'avec lui la justice de Dieu promise aux petits, aux humbles est descendue sur terre.

De même font la Samaritaine quand elle dit « Je sais qu'un Messie doit venir » (Jean 4, 25), et Marthe qui confesse : « Je crois que tu es le Christ, le fils de Dieu, celui qui vient dans le monde. » (Jean 11, 27) Ces deux dernières insistent sur la venue : il se passe quelque chose du côté de Dieu, il « vient » ! Et elles le reconnaissent ! Il vient, prophète à la manière de Moïse pour la Samaritaine, Messie, envoyé de Dieu venu dans le monde, ici et maintenant, pour Marthe.

Quant à Marie, la sœur de Marthe qui verse sur les pieds de Jésus, bien avant l'heure, l'onction traditionnellement

[32] Tout le Magnificat est une succession de citations des Écritures.

faite aux défunts, non seulement elle montre sa dévotion et son amour pour le corps de Jésus, mais elle suggère que ce corps n'aura plus besoin de l'onction au moment où il aurait fallu la lui prodiguer, car il ne restera pas dans la mort : il ressuscitera (Jean 12, 1-8). Marie occupe une place exceptionnelle : sans recours à la moindre révélation, ni à la Loi juive, ni aux prophètes, mais par le simple soin donné à un corps, geste coutumier de l'accueil dans une maison, mais qui, ici soulève la réprobation de l'entourage, car il a coûté beaucoup d'argent, elle devient la prophétesse de la résurrection, l'unique de tous les évangiles, même si son geste restera énigmatique jusqu'à la découverte du tombeau vide. Personne, sauf Jésus, annonçant sa passion et sa résurrection, n'a eu cette audace (Luc 9, 22). Une telle annonce ne valait-elle pas les drachmes dépensées ?

Dans cette même veine, il faut souligner la part exceptionnelle qui revient à Marie de Magdala, comme « récompensée » de sa foi et de son amour par le privilège d'avoir, la première, vu Jésus ressuscité (Jean 20, 11-18). N'est-ce pas le fruit de l'amour que d'avoir une telle connaissance de Dieu ? Un poète du VIe siècle, Romanos de Mélode lui prête cette parole : « J'ai contemplé la même gloire que Moïse au Sinaï. » Quel éloge ! Pourtant, on pourrait croire que Marie peine à reconnaître Jésus, puisqu'elle le prend pour le jardinier. Mais apprenons à être des lecteurs rusés : ce que l'on prend pour une hésitation est en fait une lecture à double fond. Elle souligne la profondeur de la foi de Marie : oui, Jésus est bien le jardinier, mais un jardinier exceptionnel, celui du jardin de la Création. Jésus, l'égal du Créateur, car il a vaincu la mort, Jésus le jardinier parle à Marie comme le divin jardinier parlait à l'homme et à la femme dans le jardin. Jésus va faire entrer l'humanité dans ce nouvel Éden que sa résurrection annonce à ceux qui croient. Et c'est Marie qui, au milieu de ses larmes, est la première à comprendre cela. La parole que Jésus lui dit alors est d'une richesse inouïe, capable de nourrir l'humanité, de la régaler à la manière des arbres succulents du jardin : Jésus lui offre Dieu ! En effet, il lui annonce que son Père est notre Père à tous, que son Dieu est notre Dieu à tous. Révélation. Socle de notre état d'enfants de Dieu. Sans doute est-ce le point d'orgue du message évangélique que Jésus délivre ici. Bénie soit Marie d'avoir vu et d'avoir cru. Et de nous l'avoir dit !

L'œuvre du féminin et celle du masculin

Il serait intéressant, après ces exemples, de se demander comment se joue le succès d'une telle relation entre Jésus et les femmes. Celles-ci attendent de toute leur foi, ai-je avancé. Mais comment Jésus les rejoint-elles ? Qu'est-ce qui se passe entre lui et elles pour qu'elles le reconnaissent ? Il est Dieu, certes, mais c'est aussi un homme comme les autres. Alors, sur quels mécanismes leur relation s'établit-elle ? La différence homme-femme y est-elle opérante ? Comment ?

Pour tenter de répondre à une question aussi délicate, je partirai de ce que Jésus dit de la foi. La foi, dit-il, ressemble à une graine de moutarde, ou au grain jeté en terre qui germe et pousse lorsque le sol est fertile. Sa croissance est une aventure de germination, ou de fécondation. Je pense que le modèle qui prévaut ici entre hommes et femmes est bien celui de la fécondation. Ne pourrait-on dire que Jésus féconde, par sa venue, par sa présence, par ses paroles, l'ancestrale attente d'Israël, portée ici par les femmes ?

Je pense que leur forte relation exauce un amour spirituel intense que les évangélistes disent avec les mots du mariage. Le dialogue entre la Samaritaine et Jésus l'illustre avec plusieurs images, toutes très suggestives. Cette histoire est une histoire d'amour. Deux indices, au moins, le prouvent : la présence du puits de Jacob, lieu où se concluaient les fiançailles dans l'Ancien Testament, et le fait d'accepter à boire de la main d'une femme, geste quasi déclaratif d'une intention nuptiale. Jésus demanderait-il cette femme en mariage ? Quelle force dans ces images ! Et le cadeau de noces de Jésus, c'est de lui offrir une eau, « source jaillissant en vie éternelle » (Jean 4, 14). N'est-ce pas, au sens le plus fort du mot, une œuvre de fécondation, où Jésus donne et la Samaritaine demande et reçoit ? Le soubassement charnel des images utilisées est évident. Pour Marie, lors de l'onction, c'était la sensualité de ses cheveux ; avec la Samaritaine, c'est le rapport sexuel lui-même, raconté avec l'image de la source jaillissante. Mais ce rapport est spirituel. Ce qui tendrait à le confirmer, c'est que la Samaritaine n'est pas qu'une femme : elle incarne la Samarie toute entière en train de se convertir à Jésus[33]. Comme il a déjà été souligné, on se serait fortement trompé en y voyant une entreprise de séduction charnelle ! Ce n'est pas Jésus dont la Samaritaine est amoureuse, c'est le Messie promis à Israël. Et ce

[33] C'est une pratique fréquente chez Jean, surtout dans ses premiers chapitres, que de faire porter par ses personnages des figures collectives.

n'est pas une femme que Jésus épouse, mais la Samarie qui embrasse la foi. Mais qui peut nier que la référence de ces « noces spirituelles » ne soit pas à chercher dans ce qu'hommes et femmes vivent ensemble, qui est une relation sexuée parce que tout leur corps est sexué ? Dans beaucoup de nos relations humaines, que nous soyons hommes ou femmes, nous assumons une posture masculine face à une posture féminine ; c'est souvent ce qui les rend fructueuses. Un enseignement, par exemple, même s'il ne fait pas appel à un symbolisme nuptial, repose en partie sur une proposition et sur un accueil, c'est-à-dire sur la fécondation d'un savoir qui est donné, de celui qui sait à celui qui apprend et s'apprête à emmagasiner et à faire fructifier.

Ainsi, je crois qu'entre Jésus et les femmes, l'amour intense de type spirituel qui se vit, se coule dans des référents humains connus : l'attraction entre les sexes, la naissance du désir, sa croissance, son envahissement, son fruit.

Dans le cas de Marie, l'analogie est à son comble d'efficacité. Ce fruit prend la forme d'une grossesse et d'une mise au monde. Au symbolisme nuptial succède celui de la maternité. Après que Marie ait épousé l'Esprit qui la couvre de son ombre, elle « conçoit » la Bonne Nouvelle, puis elle « l'attend ». Elle est grosse des œuvres de l'Esprit. Et au sens propre, cette attente est celle d'un enfant à naître. Pour elle, l'Évangile n'est pas un livre, ni même une parole, encore moins un catéchisme, il est la vie même. Il est cet enfant que la jeune femme a porté, ce petit être en gestation qui a élu domicile en elle, ce visage d'enfant qui a plongé ses yeux dans les siens, avec son odeur de lait et les bulles de salive de ses vagissements béats. La science de Dieu, son diplôme de théologie, Marie l'a gagné comme on reçoit un enfant : en donnant d'elle-même, de son corps, de son temps, de sa patience, de ses forces.

Et ce qu'elle a reçu surpasse les traités dogmatiques de tous les siècles. Cet enfant lui a appris que le Royaume de Dieu vaut bien de passer outre aux conformismes sociaux : qu'elle ne craigne donc pas l'opprobre d'une grossesse hors mariage. Il lui a appris que, pareil à tous, il ne ressemblait à aucun, et que la virginité de sa mère serait le signe de cette exception. Cet adolescent, assis au milieu des docteurs, lui a aussi appris la distance : « Nous te cherchions » disait-elle... « Ne saviez-vous pas que je dois être dans la maison de mon Père[34] ? » On ne met pas la main sur Dieu : eh oui, la leçon a dû être rude pour Marie !

Le recours à ces catégories du féminin et du masculin et à certaines de leurs composantes pour expliquer la relation entre Jésus et les femmes appelle quelques mises en garde. Nous avons déjà constaté que « femmes » et « féminin » ne sont pas identiques[35]. Ce qu'on appelle le « féminin » est une somme de qualités qu'une culture reconnaît comme féminines, même si ces appréciations sont parfois convenues et évolutives et si des hommes peuvent aussi les vivre. L'inverse est tout aussi vrai. Il serait donc stupide de vanter la qualité et la fécondité de la relation entre Jésus et les femmes en en attribuant le

---

[34] Luc 2, 49.

[35] Chapitre II. Voir aussi chapitre VIII.

mérite aux seules femmes et aux qualités qu'on leur reconnaîtrait. Toute l'histoire de la spiritualité montre que beaucoup d'hommes ont su faire parler leur part féminine dans leur rapport au Seigneur. Mais – et ceci est un petit aparté par rapport à notre sujet – du fait de la domination masculine, les hommes, dans l'Église, ont plus souvent réussi à exprimer leur part féminine que les femmes leur part masculine. Au point de confirmer la réalité du temps, que les « vraies femmes » étaient à peine nécessaires, puisqu'on pouvait ressentir la féminité tout en étant un homme. L'exemple du *Cantique des cantiques* mettra un peu de clarté dans ce que je veux dire. Le *Cantique* chante une histoire d'amour, tellement brûlante, tellement érotique que la plupart des commentateurs se sont hâtés d'en faire l'histoire de la relation entre Dieu et son peuple. Ils l'ont spiritualisée. Mais la bien-aimée du *Cantique*, que devient-elle, dans cette opération ? Elle n'est plus qu'un prétexte, une image à la place d'une vraie femme. Certes, il en est de même pour le jeune homme, mais le tort infligé n'est pas le même : en situation de domination des hommes, la disjonction entre femmes et féminin peut aboutir à faire disparaître les êtres de chair : il ne reste plus qu'un féminin, éthéré et volatile.

Pour enrichir ce que nous pouvons dire des femmes des évangiles, j'apporterai enfin une dernière information, qui mettra (encore !) un peu de complexité dans cette affaire. De nombreuses femmes dans l'Évangile y sont parce qu'elles incarnent une figure collective, souvent le peuple d'Israël, traditionnellement mis en position féminine par la Bible, face à un Dieu qui, lui, est mis en position masculine. Cette symbolique développée par les prophètes a pour conséquence, je le reconnais, de raidir quelque peu les catégories du féminin et celles du masculin. Elle fâche beaucoup les féministes, car dans un tel binôme où Dieu est l'homme et le peuple la femme, les pécheurs ne sont jamais que... des pécheresses. En outre, les prophètes ne font pas toujours dans la nuance ! Au motif d'être pédagogues, ils expriment leur colère avec outrance, par le vocabulaire de l'infidélité conjugale, voire de la prostitution. Pour montrer ce que Dieu attend de son peuple, la Bible ne craint parfois pas le vaudeville...

Par contre, quand la fidélité et l'accueil sont au rendez-vous, la symbolique nuptiale excelle à dire l'exception, le bonheur de marcher dans les chemins du Seigneur. Marie, dans la démonstration de foi qu'elle offre au lecteur, apparaît comme la plus fine fleur du jardin des Évangiles. Il n'est pas difficile de voir combien la jeune fille juive du Ier siècle est fermement reliée à l'attente immémoriale d'Israël. Toute la scène de l'Annonciation est construite sur cette analogie. Luc a donné à Marie les traits de tout Israël afin d'exhorter ses lecteurs à se couler dans le dessein divin de toujours. Comme le peuple au désert, Marie se révèle choisie par Dieu ; comme lui (« Écoute Israël le Seigneur ton Dieu est le seul Dieu. » Deutéronome 6, 4) elle écoute l'ange ; comme lui, elle est en quête de Dieu, et comme lui, elle fait alliance avec Dieu parce qu'elle a le cœur ouvert et disponible. Aussi accepte-t-elle la proposition de l'ange. Marie est la figure d'un Israël qui dit oui à Dieu. Ainsi, une femme récapitule ce qui fait l'essentiel du peuple juif : sa foi.

Femmes au service de la foi

Une observation essentielle reste à faire : la Bible toute entière incline à penser que le dessein du Seigneur s'accomplit souvent mieux par les actions des femmes que par celles des hommes. Judith, Esther, Ruth, l'étrangère au grand cœur, les grands rôles féminins des évangiles, en effet, sont vraiment là pour servir une cause, au point que l'expression : « Par la main d'une femme[36] » signifie... que c'est Dieu qui agit. Les femmes seraient favorisées par Dieu ?

Encore une fois, ne nous y trompons pas : ce n'est pas l'exaltation féministe qui est ici menée. La vérité est que la Bible joue pleinement le jeu de l'altérité homme-femme, de ce qui manque à chacun, pour empêcher le dominant d'alors, l'homme, de se servir de Dieu au lieu de le servir, bref, de croire qu'il peut mettre la main sur Dieu. Mieux que tout autre, le narrateur biblique sait que Dieu échappe, comme l'oiseau de la cage, car il est le Tout Autre. Le deuxième sexe est au service de ce Dieu. Il joue le rôle de chicane dans les rapports que l'homme d'Israël entretient avec Dieu. Il est ce *petit* que Dieu élit, au même titre que les *anawim,* les pauvres, pour réaliser ses desseins. L'audace des femmes de la Bible, lorsqu'elle est vantée, non seulement est au service des desseins de Dieu, mais il est clairement dit qu'elle leur vient de leur foi, une foi qui les fait vivre et vivre en abondance. « Dieu mon rocher », chante le psalmiste.

Prendre les femmes de la Bible pour modèles consiste donc à reprendre à son compte tout le cheminement intérieur

[36] Judith 16, 5.

de la foi, pour accéder au seul statut digne d'estime dans la Bible – que l'on soit homme ou femme – celui de sujet croyant. Une foi qui se déploie dans l'humilité, la faiblesse, loin de l'arrogance des possédants qui ignorent autant Dieu que leurs frères.

Mais, comme il l'a été souligné, il ne faudrait pas croire que la Bible fasse de la faiblesse une qualité naturelle des femmes. La meilleure preuve en est qu'il y a une autre catégorie que la Bible exalte parce que Dieu y est présent, c'est la pauvreté qui, elle, touche des hommes et des femmes. Dans la vision biblique de l'être humain, faiblesse et pauvreté sont associées parce qu'elles sont ses deux bornes « minimales » : la faiblesse entrave sa capacité d'agir jusqu'à la honte ou l'inexistence, tandis que la pauvreté peut affaiblir son corps jusqu'à le faire mourir. Le Dieu de la Bible est celui qui à dessein se poste sur ces deux seuils : c'est lui qui « élève les humbles et comble de biens les affamés » (Luc 2, 52-53). S'il ne le faisait pas, son salut exalterait les forts, les intelligents, les superbes, mais il ne serait pas le Dieu sauveur *de tous*.

Au terme de ce parcours, les femmes de l'Évangile apparaissent dans toute la densité de leur existence. Elles ont vraiment accueilli l'Évangile, embrassé la foi de tout leur être. Pour la femme que je suis, ce constat est une joie. Encore faut-il discerner ce que cette joie recouvre. L'assurance qu'elle me donne n'est plus de type ontologique. Depuis la lecture des premiers chapitres de la Genèse, je sais d'un savoir sûr que l'être femme est totalement en sûreté entre les mains d'un Dieu qui ne veut pas l'accaparer, mais l'éduquer à la liberté. L'amour de Dieu lui a été pleinement donné. L'histoire que nous venons de lire m'apporte autre chose. Elle me dit que toutes ces rencontres sont d'une grande intelligence, parce qu'elles utilisent à plein la différence homme-femme pour porter du fruit. Elles donnent un contenu à la différence, et ce contenu se déploie dans une relation qui est d'une extrême richesse. Elles illustrent comment les femmes ont inventé du « féminin » en face de Jésus. Il serait intéressant de mener la même enquête du côté des messieurs de l'Évangile. Beaucoup d'études ont été menées sur les responsabilités que Jésus leur a données. Trop peu ont simplement contemplé ces hommes dans leur masculinité. Elles nous apprendraient beaucoup, sûrement, même si je pense que le contenu de ces différences n'appartient à aucun sexe en propre. Jaïre, par exemple, cet homme en souffrance devant la mort de sa petite fille, échappe aux clichés habituels sur le masculin. Masculin et féminin sont un bien commun à tous les humains. À chacun de prendre dans la malle aux trésors ce qui nourrit sa relation à Dieu.

Reste que Jésus était un homme. Et qu'il a certainement bousculé les codes d'alors sur le masculin : refus de la puissance, de la tyrannie de la Loi, douceur, patience, écoute... Cette « invention » d'un masculin qui convienne à son message d'amour et de paix mériterait d'être longuement méditée par tous ceux qui ont décidé de suivre Jésus. Elle les invite aussi à observer comment la réalité masculine de Jésus colore leurs rapports avec lui. Pour le savoir, tous les personnages des évangiles sont à notre disposition. Nous pouvons prendre tous les rôles... Selon qui nous sommes, observons comment joue la différence des sexes. Pour ma part, j'ose ; je choisis la Samaritaine, mais demain, je serai peut-être Nicodème. Et qui sait si Jésus ne m'apparaîtra pas plus masculin d'abord, plus féminin ensuite...

CHAPITRE V

Le temps du désamour

Après l'éclat de ces figures évangéliques, la conviction semble ferme et bien installée qu'entre les femmes et Dieu, l'amour peut brûler de toujours à toujours, comme le buisson de Moïse qui ne se consumait pas. Et de fait, l'histoire de l'Église abonde en milliers de petits brasiers portés par des cœurs de femmes qui répandent la chaleur de leur foi. Cependant, quelque chose est advenu dans cette histoire qui contrarie l'ardeur de ce brasier. Ou au moins, qui le déplace hors de son centre naturel, l'Église. Car, entre l'Église et les femmes, le désamour, insidieusement, s'est installé. Et à force de défiance, la suspicion a grandi.

S'il fallait qualifier l'évolution de la situation des femmes depuis la révolution évangélique, il faudrait marquer d'une pierre noire le tournant des deux millénaires, marqué par la réforme grégorienne. En effet, celle-ci a mis un coup d'arrêt à toute prise de responsabilité des femmes dans la vie publique de l'Église. Il y a un avant et un après la réforme des papes Grégoire VII et Innocent III.

L'Évangile avait pourtant été une excellente nouvelle pour les femmes, comme l'atteste l'élan de conversions féminines des premiers siècles. Il faut se rappeler que dans les temps anciens, la vie d'une femme était jalonnée de nombreux périls. Les deux plus évidents sont la dépendance envers son mari et la mort en couches. Une femme était d'abord une mère, au point que son identité en était fortement colorée. Les mères étaient respectées, honorées, car les enfants qu'elles mettaient au monde étaient la garantie d'un avenir pour le peuple entier et les valeurs romaines qu'elles leur communiquaient fortifiaient la société toute entière. Les évangiles semblent un peu en retrait sur cette valorisation de la maternité, car, à part Marie et l'insupportable mère des fils de Zébédée, ils nous offrent peu de modèles d'épouses ou de mères. Salomé ou Marie de Magdala (nommée en fonction de sa ville d'origine) et aussi les deux sœurs, Marthe et Marie, sont mises en scène sans mention d'un conjoint ou d'une descendance.

Des femmes diaconesses, prêtres, évêques... ?

Les évangiles, puis les lettres de Paul (1 Corinthiens 7), ouvrent aux femmes un autre état de vie, qui est la virginité, jugée tout aussi respectable que le mariage, car on y a vu une consécration à Dieu, à la manière des vestales romaines. Mais, à la différence des vestales dont la virginité était censée garantir des succès militaires, les vierges chrétiennes ne mettaient pas leur vie en péril. En effet, un gouvernant romain habile pouvait imputer ses échecs au soi-disant libertinage de ses vestales et éviter la vindicte populaire par leur mise à mort. Cette virginité, accueillie comme une libération par de nombreuses femmes, leur permettait d'être reconnues sans être mères. Elle montre combien le christianisme insufflait un puissant esprit égalitaire entre les sexes. Aux femmes comme aux hommes, le baptême était conféré et il l'était dans les mêmes conditions[37] ; à la table eucharistique qui, aux premiers siècles, se tenait dans les maisons, les femmes prenaient une part active, sans qu'aucune séparation de table ne prévale plus entre hommes et femmes.

S'il est difficile, faute de documents suffisants, d'estimer les responsabilités assumées par des femmes, on dispose cependant de quelques appuis sûrs. Le Nouveau Testament leur reconnaît de façon certaine le diaconat, selon le modèle de Phébée, qualifiée, comme Paul ou Apollos, de « ministre », c'est-à-dire serviteur, *diakonos* en grec (Romains 16, 1). Elles présidaient même l'assemblée, ce que laisse supposer Paul, lorsqu'il salue « Andronicus et Junias, apôtres éminents » (Romains 16, 7), si l'on admet, avec beaucoup, que Junias est un prénom féminin. La preuve que cette responsabilité leur a été durablement confiée est qu'un certain nombre de canons de conciles des IVe et Ve siècles demandent précisément de les écarter des « autels sacrés », ce qui prouve l'existence du fait incriminé, au moins jusqu'à cette date. Ainsi, une lettre du pape Gélase, en 494, rappelle : « Néanmoins, nous avons entendu à notre dépit, que les affaires divines sont dans un tel état malheureux que les femmes sont encouragées à officier aux autels sacrés et à prendre part à toutes les choses imputées aux bons offices du sexe masculin auquel elles n'appartiennent pas. » (Décret 26) Quelques siècles plus tard, l'évêque de Vercelli, en Italie, Atto (924-962) rappelle dans une lettre à l'un de ses prêtres[38] que, dans l'Église ancienne (selon lui, jusqu'au

[37] Comme aujourd'hui. Le christianisme est la seule religion qui ne fasse aucune distinction entre les sexes.

[38] Cité par le professeur Giorgio Otranto, de l'université de Bari, qui ajoute : « Cette déclaration d'Atto est un témoignage frappant

concile de Laodicée, en 364), les femmes étaient prêtres. Ces femmes étaient ordonnées[39] chefs de communauté, portaient le titre de *presbyterae*, « anciennes », et exerçaient, sans doute souvent de manière supplétive, les fonctions classiques de prédication, de direction et d'enseignement. Les diaconesses, elles, baptisaient – sans doute les femmes – et veillaient à la charité dans la communauté. Enfin, il est notoire que dès la structuration du monachisme, les abbesses confessaient les religieuses. Comme beaucoup de prêtres étaient alors mariés, il est vraisemblable de penser que leurs épouses ont été associées d'une manière ou d'une autre à la bonne conduite de leur ministère. Mais il est peu crédible de penser que les titres qui leur sont donnés le soient uniquement du fait de leurs liens conjugaux.

Autre témoignage troublant, celui qu'offre la mosaïque de la chapelle saint Zénon, dans l'église sainte Praxède à Rome, où le pape à qui l'on doit cette chapelle, Pascal Ier (IXe siècle), a fait représenter sa mère, avec la mention *Theodora episcopa,* Théodora, évêque. Comment l'interpréter ? Est-ce un titre honorifique, ou désigne-t-il l'épouse d'un évêque ? Mais son mari ne

---

et significatif de la prêtrise féminine dans l'antiquité. Ce même témoignage a souvent été ignoré exprès, évidemment parce qu'il n'était pas en ligne avec ce qui paraissait être la tradition unanime : un tel témoignage pourrait au moins avoir suscité quelques doutes. Il me semble à moi, qu'à travers les siècles, par accident, prudence ou conformité, il y ait eu une interprétation prédéterminée de l'indigence des témoignages concernant l'exercice du ministère sacerdotal par les femmes.» Conférence prononcée aux USA en 1991, traduite sur le site « Femmes prêtres ».

[39] Terme à comprendre en un sens plus restreint que de nos jours, celui d'affectation à un service précis.

figure dans aucune liste ecclésiastique. Enfin, elle aurait pu réellement être évêque. Mais, quelle que soit la vérité, cette mention révèle que, dans la vie de l'Église, la différence des sexes ne creuse pas un fossé insurmontable entre les personnes. Au Moyen Âge, des abbesses comme Hildegarde de Bingen se déplaçaient dans toute l'Europe pour prêcher et elles étaient parfois des enseignantes très recherchées. Ainsi, Hildegarde avait-elle postulé en 1174 pour que ses œuvres figurent au programme des étudiants de la Sorbonne. Les maîtres de la Sorbonne avaient à choisir entre elle et Aristote. C'est lui qui a gagné, mais l'existence de la joute prouve la présence féminine dans le débat intellectuel[40].

Dans la main des clercs

À partir de la réforme grégorienne il devient légitime de se demander si l'Église aime vraiment les femmes et il est tout aussi légitime d'avoir envie de répondre par la négative. En effet, cette réforme va radicalement modifier leur situation, même si certaines des décisions prises ne font que confirmer un processus déjà entamé. Ce terme de « réforme grégorienne », qui tire son nom du pape Grégoire VII (1073-1085), l'un de ses artisans les plus déterminés, désigne en fait un ensemble de mesures étalées sur plusieurs siècles.

Cette réforme portait sur des questions disciplinaires, c'est à dire d'organisation interne et non sur des questions dogmatiques, liées à la foi. Les critères qui l'ont suscitée étaient donc ceux de l'efficacité ou de l'opportunité politique. Là ont été ses fruits les plus

[40] Karin HELLER, *Hildegarde de Bingen*, www.comitedelajupe.fr.

importants. Elle a véritablement permis à l'Église de se donner les moyens de ses ambitions. D'abord, elle lui a permis de se défaire des griffes de l'empereur et des rois d'Occident, en décrétant d'abord que le pape serait l'élu exclusif de ses cardinaux, c'est-à-dire des prêtres de Rome, ensuite que les évêques ne seraient plus élus par leur communauté, ce qui était la situation dominante ; ils échapperaient donc aux visées des grands féodaux et des princes qui voulaient accaparer leurs sièges. Ensuite, pour conforter la position des clercs, elle leur a confié les trois charges fondamentales de l'Église, celles de gouvernement, d'enseignement et de sanctification. Mais elle l'a fait de manière exclusive. En vertu de ce principe, femmes et hommes laïcs ont été exclus – et le sont encore – non seulement de la responsabilité du sacrement de l'ordre, mais aussi de toute participation au gouvernement de l'Église, à tous ses niveaux, et à toute prise de parole publique et reconnue, alors qu'ils font authentiquement partie de cette Église.

Enfin, la réforme a poursuivi le combat contre le mariage des prêtres, mis en cause dès le concile d'Elvire (306), mais encore licite dans les ordres mineurs (jusqu'au diaconat). Elle l'a totalement interdit. Non au nom d'une vertu « sacramentelle » du célibat, mais pour des raisons très pratiques, qui sont la nécessaire disponibilité du prêtre et l'hémorragie financière que causeraient des héritages dans les biens ecclésiastiques. Mais les prêtres devaient sans doute tenir à leurs épouses : ils ont résisté ! Devant la persistance de ces mariages, une guerre psychologique commence. L'idée, bien humaine, se répand, que la faute vient de l'autre. Ce sont donc les femmes qui vont être chargées de la responsabilité d'avoir contracté mariage ; ce sont elles qui tentent les hommes et... jamais l'inverse ! Une propagande de mieux en mieux orchestrée les assimile bientôt au serpent tentateur, comme on le voit sur des chapiteaux médiévaux, à Autun par exemple et plus tard dans les œuvres de Cranach et même de Michel-Ange, à la Chapelle Sixtine. La thèse de la femme pécheresse, appuyée sur le récit du chapitre 3 de la Genèse, est si concomitante de la campagne pour le célibat qu'il est impossible de ne pas lier les deux faits. Les femmes deviennent désormais indésirables, non plus en raison de leur suppléance comme prêtres, mais comme épouses dangereuses, car elles entravent le célibat des prêtres.

Un petit exemple vient en appui de ce propos. Il montrera comment l'institution tente de noyer son chien. On observe que le mot « nicolaïtes » s'installe à ce moment dans le vocabulaire magistériel. Alors que, depuis son apparition dans le livre de l'Apocalypse (Ap 2, 6 ; 14-15), ce mot désignait successivement une hérésie, puis pour les Pères, un libertinage effréné, ou bien la mise en commun des femmes et même pour Épiphane de Salamine une doctrine où les relations sexuelles deviennent la clé du Royaume des cieux, voilà qu'il se met au XIe siècle à désigner les prêtres mariés ou incontinents. Quelle charge ! Pour condamner ce qui, après tout, était peut-être une vie conjugale « classique », fallait-il avoir recours à un terme aussi discrédité ? De cette diabolisation, les femmes font les frais. « Femme » devient synonyme de luxure, de débauche, d'emprise irrésistible de la sexualité. Et les épouses de prêtres le paient cher :

certaines sont envoyées en esclavage ou même parfois dans des maisons de prostitution. N'avait-on pas dit que les femmes étaient des prostituées ?

Ceci montre malheureusement comment l'Église institutionnelle a trop souvent perçu les femmes : à partir de ses propres problèmes et non pour elles-mêmes. Ce schéma n'a pas disparu... Nous le retrouverons dans les prises de parole actuelles du Vatican. Les femmes sont toujours pensées à partir des hommes et de leurs impératifs du moment.

L'échappée belle

Il n'est pas étonnant, dans un contexte où les potentialités des femmes et leur expression étaient aussi étouffées, que leurs aspirations religieuses se soient alors reportées vers la vie mystique, dans le face à face de la contemplation divine. Si les médiations des clercs, mises en place par l'Église pour construire le rapport du croyant avec Dieu, au sein de sa communauté, ignorent ou musellent la parole féminine, comment ne pas comprendre qu'elles aient cherché à les contourner pour en appeler directement à Dieu, un peu à la manière dont Job se détourne de ses amis qui ne font que l'accabler et s'adresse directement à Dieu ?

Au Moyen Âge, en effet, le mysticisme, surtout féminin, fleurit dans les prairies de l'Église comme narcisses au printemps. De grands noms se détachent. Certaines sont des abbesses reconnues, comme Hildegarde de Bingen, Mechtilde de Hackeborn ou Claire d'Assise, d'autres des ermites isolées ou même recluses, qui s'aventurent au plus profond de leur cœur pour y trouver Dieu, comme Julienne de Norwich. Mais même là, dans la réclusion ou le silence, l'institution les a persécutées, car le mysticisme ose, par sa seule existence, poser la question de la légitimité du clergé : il l'ignore. Aussi, l'institution n'a-t-elle pas manqué de surveiller de très près toute prise de parole ou tout geste, public ou privé, et de punir sévèrement leurs auteures pour déviation ou hérésie, bien au-delà de ce qui se professait, simplement pour signifier qu'elle pouvait reprendre la main et qu'on ne pouvait se passer de sa médiation. Ainsi les béguines, dames vivant entre elles, sans règle monastique, affranchies de toute domination masculine et pratiquant des œuvres de miséricorde ou d'enseignement, furent interdites par le concile de Vienne en 1311 pour des causes de circonstances : fausse piété et hérésie. Dans leurs rangs, on a compté par exemple une Mechtilde de Magdebourg, qui était une intellectuelle de forte spiritualité et une Marguerite Porete, aux charmants poèmes pleins de délicatesse, qui périt sur le bûcher en 1310 pour son ouvrage jugé hérétique *Le Miroir des simples âmes*. D'autres, protégées par la grande figure qui les inspirait, comme Catherine de Sienne, tertiaire de saint Dominique[41], ou sa contemporaine Angèle de Foligno, tertiaire de saint François, au début du XIVe siècle, purent délivrer ce qui est presque un ministère pastoral indirect, dans des écrits qui, avec bien d'autres de la même veine, sont des trésors du patrimoine chrétien. La meilleure preuve est qu'ils ont traversé les siècles et séjournent encore sur les tables de nuit des croyants, bien davantage que les *Sentences* de Pierre

[41] Les ordres prêcheurs, dominicains et franciscains, ont instauré des tiers ordres, composés de laïcs, hommes ou femmes, qui, sans quitter le monde, vivent de leur spiritualité.

Lombard, ouvrage incontournable de l'intelligentsia ecclésiastique médiévale.

Un nombre assez important de ces femmes ont connu des amitiés masculines. Ces duos ont traversé le temps, donnant à penser sur la qualité des relations qui pouvaient se vivre entre les sexes dans l'Église : Claire d'Assise et François, Angèle de Foligno et Frère Arnaud, Catherine de Sienne et Raymond de Capoue, Thérèse d'Avila et Jean de la Croix... Loin des arcanes officiels de l'institution, ils et elles ont su jouer de leurs différences et les faire fructifier.

Dans un tel climat de suspicion et même de mise à l'écart assumée de la part de l'institution, il n'est guère étonnant que les femmes aient accueilli le mouvement de conquête des nouveaux mondes comme une fenêtre qui s'ouvrait. Outre l'aventure, qui pouvait convenir à certaines, mais qui faisait aussi frémir, tant le danger de perdre sa vie était réel, les femmes y ont retrouvé la liberté de parole et d'action. Celles qui sont parties au Canada ou vers d'autres contrées l'ont fait au nom de leur amour de Dieu, contrarié par une institution qui tout simplement ne leur permettait pas de rendre compte de l'espérance qui était en elles (1 P 3, 15). Les hauts faits d'une Marie de l'Incarnation, ursuline du couvent de Tours, qui ne put partir pour le Québec que parce qu'elle trouva une mécène – une femme – , devenue l'âme de la petite colonie, d'une Marie d'Youville, mariée, veuve, fondant les Sœurs de la Charité de Montréal pour s'occuper des malades, forcent l'admiration. Ces pionnières qui ont ouvert les premiers hôpitaux, les premières écoles, instauré tous les services à la personne que requerraient la rigueur des lieux, qui, en somme, ont veillé sur la survie de la Nouvelle-France, sont des bienfaitrices unanimement reconnues dont l'action a été rendue possible parce que, sous de telles contrées, dans un tel dénuement, nécessité faisait loi et parce que Rome et la Sorbonne étaient bien loin, et l'internet heureusement inconnu. Peut-être qu'un brin de fraternité vécue a aussi permis de faire un peu bouger les codes sociaux ?

Ce même élan féminin, charitable, miséricordieux s'est manifesté dans les pays de mission au XIXe siècle, dans les empires coloniaux. Et quand ce fut en Europe même que fit rage la misère générée par l'industrialisation, touchant d'abord les enfants et les femmes, les religieuses encore furent là, attentives à mettre en pratique la parole d'Irénée, « la gloire de Dieu, c'est l'homme vivant ». Une Rosalie Rendu, fille de la Charité qui se met au service des pauvres du quartier de la rue Mouffetard, à Paris, une Anne-Marie-Javouhey, qui scolarise des esclaves de couleur et œuvre à leur libération, en Guyane et au Sénégal, une Pauline Jaricot, fondatrice de l'œuvre missionnaire de la Propagation de la foi, sont des ilots de lumière dans ce temps de ravages humains qu'est la seconde moitié du XIXe siècle.

Ainsi, mal aimées, privées de leur parole, les femmes ont trouvé le moyen d'échapper à l'emprise masculine afin de dire leur amour de Dieu. Belle échappée, sur les terrains de la mystique ou de l'aventure missionnaire.

Mais même au sein des congrégations qu'elles créaient, la mainmise vaticane a souvent été forte. Les Visitandines, qui, dans l'état d'esprit de leurs fondateurs, saint François de Sales et sainte Jeanne de

Chantal, ont été créées pour mener une vie non cloîtrée, ont été contraintes par Rome de changer leurs statuts pour adopter une clôture. D'autres fondations plus récentes comme les Sœurs de saint Jean, connaissent à leurs dépens le poids de l'interventionnisme romain. Même cette pratique ancienne qui consiste à mettre un ordre féminin sous tutelle de la branche masculine de son ordre trouve à s'employer de nouveau, au sein même de l'Église de France.

Un exemple va à l'encontre de ce diagnostic sévère, c'est celui des religieuses américaines que Rome entend remettre au pas et qui sont bien décidées à ne pas s'en laisser conter. La principale association de religieuses, la *Leadership Conference of Women Religious*, qui représente environ 80% des 57 000 religieuses américaines s'est en effet vu reprocher des attitudes « déviantes » dans plusieurs domaines : au sujet de l'Obama act, qui prévoit de rembourser les frais d'avortement, et contre lequel se mobilisent les évêques américains, à propos de ses engagements sociaux très déterminés en faveur des exclus, et surtout de sa liberté de parole en matière théologique et morale. Malgré une vaste campagne d'opinion en faveur des religieuses, le Vatican persiste dans sa volonté de restructurer leur association. Les religieuses, dotées de moyens financiers qui les mettent à l'abri du besoin, très impliquées dans la vie intellectuelle américaine, faisant unanimement front face à Rome grâce – il est important de le souligner – à la démocratie qui règne entre elles, semblent accepter sans états d'âme de perdre leur statut de droit canonique. Puisse leur attitude courageuse susciter des émules !

En Europe, surtout en France, beaucoup trop de femmes, laïques ou religieuses, ont hélas appris à se taire et ont intériorisé jusqu'à aujourd'hui les consignes de subordination. Parallèlement, depuis qu'a sonné l'heure de l'émancipation féminine, des milliers de femmes ont quitté l'Église, se sentant incomprises, tandis que les congrégations religieuses féminines semblent inexorablement aller vers leur extinction. Sur les 35 200 religieux que compte la France, 28 000 sont des femmes. Elles sont soit apostoliques, c'est-à-dire insérées dans le monde pour y porter la parole de Dieu, par l'enseignement, la prédication ou la charité, soit contemplatives, menant une vie cloîtrée. Leur moyenne d'âge est de 73 ans et le nombre des vocations a baissé de 75% depuis 1973[42]. Le privilège masculin de l'ordination presbytérale est sans doute pour quelque chose dans cette désaffection. Des femmes aussi peuvent avoir la vocation de devenir prêtres, même si Paul VI, dans la Déclaration *Inter Insigniores* (1976) leur refuse ce titre, ne leur reconnaissant comme possible qu'un « attrait[43] ». Mais plus largement, la faible considération dans laquelle l'Église tient les femmes, partagée par l'ensemble de la société jusqu'à la seconde moitié du XXe siècle, et devenue maintenant problématique, est sans doute un sûr moyen de les écarter. Et pourtant, croyez-vous que le Magistère s'émeuve de leur raréfaction ? La question ne soulève aucun intérêt. Nul n'en parle, et je ne vois pas s'annoncer à l'horizon une « Année des religieuses » comme il y a eu une « Année des prêtres ».

---

[42] Contre 46% chez les religieux. Source CORREF, sur : www.lejourduseigneur.fr.

[43] VI, 38.

Entre les femmes et l'Église, l'incompréhension ne fait que grandir, maintenant que la société s'est engagée sur le chemin de l'égalité, puis de la parité. Pour la comprendre, le mieux est d'entendre, à partir de ses écrits, comment l'institution considère les femmes.

CHAPITRE VI

La femme, *made in Vatican*

Il n'y a pas si longtemps que l'Église se trouve confrontée à une question spécifique concernant les femmes. Tant que la société civile n'accordait aux femmes qu'un statut de mineures, la condition qu'elle assignait à la femme ne déparait pas, les deux étaient en symbiose. Mais ce temps étant désormais révolu, l'évolution de la place des femmes lui pose de nouvelles questions et surtout, l'obligent à prendre une position claire. D'une part pour dire ce qu'elle pense de l'identité féminine. D'autre part pour considérer ou reconsidérer la place des femmes en son sein. Commençons par découvrir, dans ce chapitre, la vision de la femme que propose le Vatican.

Dans la société civile, régie par la Déclaration universelle des droits de l'homme et par la Constitution, il y a une égalité absolue entre les hommes et les femmes. Du moins quant à leurs droits. Le combat actuel des femmes, dans les sociétés occidentales, est désormais de réduire les dernières poches de résistance. D'un point de vue institutionnel, en France la loi sur la parité, destinée à faire sauter les plafonds de verre, dans la vie politique en particulier, s'y emploie. L'autre chantier est la revalorisation des salaires féminins. Dans l'ensemble, la situation est incomparablement plus favorable aux femmes que celle des années cinquante.

Quelles conséquences l'Église en tire-t-elle ? Va-t-telle suivre le mouvement d'émancipation, comme Vatican II s'y était risqué ? Le concile, en effet, avait rappelé que « toute forme de discrimination touchant les droits fondamentaux de la personne qui seraient fondées sur le sexe était contraire au dessein de Dieu[44] ». Il existe une égale dignité des hommes et des femmes. Mais cette reconnaissance discrète et indirecte du bien-fondé de l'émancipation féminine allait-elle se confirmer ?

Le rendez-vous raté de l'émancipation féminine

L'un des premiers sujets en débat a été la conquête que les femmes de l'après-guerre ont considéré comme essentielle, la maîtrise de leur fécondité. La contraception éloignait le risque de grossesses non désirées et, en autorisant une activité sexuelle sans procréation, elle a considérablement transformé la vie des couples. Or, Paul VI, malgré l'avis du conseil qu'il avait réuni sur le sujet, a signifié, par l'encyclique *Humane Vitae*, de 1968, le désaccord de l'Église sur la contraception. On sait les considérables dégâts de ce refus. Outre qu'il signait l'abandon de la cause des femmes, il montrait combien la sexualité pour elle-même était tenue en faible estime, et combien une conception biologique de la vie humaine était en train de prendre le pas sur une conception plus relationnelle, où l'on appelle « vivant » ce qui est l'éclosion d'un amour, la volonté éprouvée de donner la vie. On voit, par les impasses où s'engage le mouvement « pro life[45] », combien

[44] *Gaudium et Spes*, 29, 2.

[45] Né dans les années 70, en réponse aux lois qui ont autorisé

se paient aujourd'hui encore les conséquences de cette décision.

Quelques années plus tard, les quatre conférences mondiales de l'ONU[46] ont été un test très instructif des divergences profondes entre l'opinion publique et le Vatican. Les désaccords n'ont pas manqué, surtout aux conférences de Copenhague et de Pékin, où le Vatican s'est trouvé proche de courants religieux intégristes. Le désaccord essentiel porte sur la question de savoir ce qui fonde les droits de l'être humain : la personne, répond l'ONU ; le sexe, répond le Vatican, pour qui la femme est définie par un statut spécial, marqué par sa maternité. Il y voit une question de « nature » tandis que l'ONU[47] en fait une fonction sociale. Mais – pour reprendre l'affirmation de *Gaudium et Spes* – n'est-ce pas un « droit fondamental de la personne » de ne pas être considéré en fonction de son sexe, mais bien pour sa qualité d'être humain ? En affectant à la femme (et non à l'homme) une vocation précise, au lieu de suivre l'interprétation universaliste de Genèse 1, 27 fondée sur l'humanité en général, le Vatican a créé une discrimination, considérée comme intolérable par l'opinion commune. Ce statut exceptionnel est d'ailleurs considéré par l'ONU comme du sexisme.

Je mesure, certes, que le Vatican ne dit pas autre chose que ce que disaient mes grands-mères et que cela peut

---

l'avortement, le mouvement « pro life » aux USA, « pro vie », en France, désigne un ensemble d'initiatives parfois violentes contre l'avortement au nom du respect de la vie.

[46] De 1975 à 1995.

[47] *Convention sur l'élimination de toutes les formes de discrimination à l'égard des femmes*, article 5b, 1979.

paraître encore normal à beaucoup. Mais les années ont passé et le Vatican n'a pas bougé. Il a même davantage parlé, donc sa position a été mise en valeur. Désormais, un fossé considérable sépare l'Église de la société civile. Les conséquences sont graves. En n'acceptant pas la position de la majorité onusienne, l'Église catholique a décroché d'avec le monde. Les deux approches de la personne humaine sont désormais incompatibles. Ceci veut dire que toute femme catholique, tout homme s'il soutient cette cause, ne peut que se trouver dans une position clivée.

Sous le prisme du masculin

Si j'en viens maintenant au fond du différend, je le vois tout entier découler d'une lecture androcentrique des récits de la Genèse. Nous avons amplement débusqué l'abus de langage qui consiste à confondre l'homme masculin et l'être humain générique[48]. Tout est là. Tant qu'on n'aura pas pris le problème à sa racine, le différend durera. Je redis le constat capital de notre lecture : l'être humain sur lequel Dieu fait tomber une torpeur n'est pas celui qui se réveille ensuite[49]. Ne prenant pas au sérieux cette observation, le Magistère attribue à la femme des qualités spécifiques à partir de ce même récit de Genèse 2, 18-24. Suivons, pour bien comprendre le raisonnement utilisé, ce qui en est dit dans l'un des documents majeurs de cette période, la *Lettre aux évêques*[50]. Certes, le do-

[48] Chapitre II.

[49] Genèse 2, 21.

[50] *Lettre aux évêques de l'Église catholique sur la collaboration de l'homme et de la femme dans l'Église et dans le monde*, Joseph Ratzinger et Angelo Amato, 2004.

cument reconnaît que dans le jardin, Adam « est encore désigné d'un terme générique[51] ». Mais, comme si cette désignation n'était que de convenance, elle disparaît ensuite du débat, sans qu'aucune de ses conséquences sur l'identité profonde de chacun des deux êtres créés ne soient envisagées. C'est même le contraire qui advient : l'interprétation va bientôt faire mentir le texte ! En effet, soyons attentifs, le cardinal et l'archevêque auteurs du document décident alors, – abrités derrière un écrit de Jean-Paul II – que « la femme » existe « pour l'autre[52] ». Mais Messeigneurs, qui est « l'un » de cet « autre », quand ni « lui » ni « elle » n'existent encore ? Ah... bien malin qui le sait. En tout cas, associer « aide » et « femme » est une projection, une surdétermination en contradiction avec le texte. Pourtant... c'est le socle même du dispositif de discrimination envers les femmes ! Tout part de là. La *Lettre* poursuit : « Le texte de Genèse 2, 18-25 montre que le mariage est la dimension première et en un sens fondamentale, de cet appel » (à exister pour l'autre). Conclusion : la femme est faite pour se marier. Splendide coup de force, qui permet à l'homme de se donner une aide avant même qu'elle n'existe... Belle illustration du droit régalien de préemption ! Mais aussi, version chrétienne « soft » de la horde primitive freudienne se battant

[51] *Ibid.,* II, 6.

[52] *Ibid.,* II, 6. En référence à la *Lettre aux femmes* de Jean-Paul II, par. 7, 1995, à la veille de la Conférence de Pékin qui dit : « Depuis l'origine, donc, dans la création de la femme est inscrit *le principe de l'aide* : aide – notons-le bien – qui n'est pas unilatérale, mais *réciproque* ». La vocation d'aide de la femme est bien nuancée par une idée de réciprocité, mais comme celle-ci n'est pas présentée comme une vocation, elle n'est qu'une incitation morale, utilisée ici par opportunisme.

pour la possession des femmes, prodige d'appropriation tranquille et presque consensuelle, tant les femmes n'y ont vu que du feu… À partir de là, le masculin est installé dans un fauteuil, bien calé au centre du monde dont il est devenu le nombril. Et voilà la femme en orbite, satellite docile de son référent masculin : désormais, elle roule « pour lui ». De là à penser qu'elle n'est même « que » pour lui, il n'y a qu'un pas, facilement franchi. On ne peut mieux percevoir combien cette manière de faire est la définition même d'une vision androcentrique : tout part d'un masculin devenu la référence, mis au centre et qui « organise » « le reste » autour de lui. Il est la norme, elle est la différence. « Elle » n'existe pas « pour elle-même », mais « pour l'autre ».

Soyons clairs : j'aime dire que je suis « pour l'autre » si mon frère ou ma sœur existent aussi « pour l'autre ». Ce que le Magistère attribue à la femme est en réalité donné par la Bible comme vocation à toute personne, homme ou femme. À condition d'être d'abord lui-même, cet être « unique », chacun peut exister pour l'autre et il y trouve son vrai bonheur. Mais ouvrons aussi les yeux : si une telle affirmation n'est pas réciproque, elle n'est qu'oppressive.

L'exaltation de différences précises

À partir de là, il n'est pas difficile de charger la barque des déterminismes féminins. De ce « pour l'autre » soi-disant attribué à l'origine par le Créateur à la femme, découle une vision particulière de la femme. C'est le différentialisme prôné par le Magistère, basé sur la conviction que les différences entre les hommes et les femmes sont inscrites si profondément dans leur « nature » qu'elles commandent leurs comportements. Et elles ne tardent pas à pointer leur nez : « La femme garde l'intuition profonde que le meilleur de sa vie est fait d'activités ordonnées à l'éveil de l'autre, à sa croissance, à sa protection, malgré le fait qu'un certain discours féministe revendique les exigences 'pour elle-même'. Cette intuition est liée à sa capacité physique de donner la vie. Vécue ou en puissance, cette capacité est une réalité qui structure la personnalité féminine en profondeur. (...) Cela développe en elle le sens et le respect des choses concrètes, qui s'opposent aux abstractions souvent mortifères pour l'existence des individus et de la société[53]. »

Un tel discours a le mérite de la clarté... Les femmes, c'est dit, sont « différentes » sur la base de l'interprétation fausse que nous avons débusquée, à partir de laquelle découle l'antique vision de la femme mère. En prime, on leur octroie le talent de s'occuper « du concret », ce qui est manière de faire passer, de manière sucrée, l'amère pilule qu'on les croit inaptes à toute abstraction.

J'en viens maintenant au contenu essentiel donné à cette « différence » : la capacité physique de donner la vie. Aussi loin que je remonte dans mes souvenirs de mère, jamais je n'ai eu le sentiment que ce soit moi qui donnais la vie. J'ai eu le sentiment de l'abriter, c'est vrai. D'en recevoir une responsabilité considérable, certes. D'être particulièrement proche de mes enfants par ce corps à corps qui faisait notre quotidien, avant leur naissance et pendant leurs plus jeunes années, bien sûr. Et nul doute que ces liens originaires sont privilégiés, qu'ils

[53] *Ibid.*, III, 13.

sont causes d'un bonheur que le cours ultérieur de l'existence ne peut rompre. Oui, je crois qu'une mère peut faire des choses considérables pour défendre son enfant, fût-il criminel ou paria, elle peut « ne jamais le lâcher ». Mais les « Pères courage » ne le cèdent pas aux « Mères courage ». Et un père, comme sa compagne, n'ignore pas que la vie se donne à deux. L'embryon ne naît-il pas de la rencontre d'un ovule et d'un spermatozoïde, c'est-à-dire d'un couple formé d'une femme et d'un homme ? Les hommes ne donnent-ils pas aussi la vie ? Pourquoi le Magistère reste silencieux sur la paternité ?

Étrange, donc, sous la plume du cardinal Ratzinger, cette révérence excessive au pouvoir féminin sur la vie, alors que chacun sait qu'il est, en réalité, partagé entre l'homme et la femme. Certes, il énonce un discours androcentrique, une parole d'homme qui parle à partir de lui et de ce qu'il connaît, c'est-à-dire un homme qui ne donne pas la vie, puisqu'il est célibataire. Il donne même les limites de cette position, qui oublie que, à deux, on peut donner la vie, alors que tout seul, en surplomb du monde, on ne le peut pas. Ce faisant, il fait du tort aux hommes qui deviennent pères, car il ignore leur contribution. Mais il se pourrait bien que cette parole vienne de plus loin encore. Qu'elle reflète l'antique croyance aux déesses mères des peuples anciens, signe d'un amour éperdu pour les femmes. Déesses révérées et redoutées. Déesses qu'il faut donc, impérativement, mettre dans des cages, fussent-elles dorées, pour ne pas en être dévoré. Et qui ne voit que beaucoup de compliments, dans le discours magistériel, sont autant de barreaux à la cage ? Je n'en prendrai qu'un seul exemple. Lorsque le pape Jean-Paul II encense la femme « sentinelle de l'invisible[54] », le compliment fait oublier que la formule vise à leur assigner un lieu de prédilection, « l'invisible » et donc à les déloger du « visible », public ou privé, ou au moins à dévaloriser la contribution qu'elles pourraient y apporter. Toute louange excessive questionne.

Un féminisme mal vu

Entre Jean-Paul II et le cardinal Ratzinger, il existe des différences d'appréciation. Le ton des lettres de Jean-Paul II est toujours chaleureux, on sent que le contact réel avait pour lui de l'importance. Il entraîne, son élan emporte la sympathie. Et sur le fond, il avait le souci de fonder un féminisme chrétien[55]. Le problème est que ce féminisme reste aliénant : il défend le particularisme des femmes – il instaure un communautarisme – et il assigne à celles-ci une vocation et des rôles spécifiques dont le Magistère entend demeurer le dispensateur. Avec Benoît XVI, les choses changent un peu. Moins d'empathie, plus d'esprit de système. Dans la même *Lettre aux évêques* dont il est l'auteur, le féminisme est foncièrement mauvais. D'entrée de jeu, il fait l'objet d'une hostilité foncière, discrédité au motif qu'il favoriserait la rivalité entre les sexes et tendrait à substituer le pouvoir féminin à un pouvoir masculin. Les femmes y sont d'abord accusées de vouloir exister « pour elles-mêmes ». La parole est dure. Qu'est-ce à dire ? Les accuse-t-on d'égoïsme, d'ignorer les nécessaires renoncements de toute vie, d'être à la solde de tous leurs désirs ? Ce serait porter un jugement moral général et hâtif. S'agit-il alors de la

[54] *Discours de Lourdes*, 15 août 2004.

[55] Par exemple, *Lettre aux femmes*, 1995.

quête d'une identité et d'une existence détachées d'une mainmise masculine ? Sans doute. Mais si tel était le cas, serait-ce grave ? Quand on connaît la difficulté vécue par les femmes pour fonder une identité qui ne leur soit pas imposée par des hommes, on est plutôt d'avis que cette demande doit être prise au sérieux.

L'évocation de la rivalité est une autre manière de discréditer toute demande. La reproche-t-on à un adolescent ? Ce serait méconnaître la part non seulement normale, mais structurante de l'agressivité dans tout processus de séparation et d'affirmation de soi, pour sortir d'une situation de domination, ce qui est amplement vérifié dans le cas des femmes. Et si on la méconnaît, c'est peut-être qu'on n'a pas pu la vérifier pour soi-même, parce qu'on en a été privé. Et de fait, il y a dans l'Église une peur anormale des conflits. Ceux-ci sont vécus comme des ruptures de la communion, alors qu'ils font simplement droit à la différence. La communion n'est pas la fusion ; l'agressivité est une étape à traverser. Elle n'est pas plus « péché » qu'un consensus bassement obtenu.

Je m'étonne enfin que, dans l'Église, le féminisme suscite tant de passions hostiles, et souvent de la part des femmes elles-mêmes. Non que je défende absolument le féminisme, car je pourrais craindre, sous certaines de ses options, qu'il ne se complaise dans un rôle de victime ou qu'il cultive un certain communautarisme, celui de « l'entre femmes ». Mais je sais ce que je lui dois : mon droit de vote, ma totale autonomie juridique, la bonne défense de mes droits, un travail lié à mes compétences et à rien d'autre... Et je n'oublie pas non plus, comme me le rappelle la parole avisée d'une amie militante féministe, que « le féminisme n'a jamais tué personne, le machisme, lui, tue tous les jours ».

Tout cela pour dire que, aux yeux du Magistère, les femmes modernes, que les Occidentales illustrent, sont vite vues comme de perpétuelles insatisfaites. Ah, qu'il est loin le bon vieux temps où les femmes obéissaient sans broncher ! On leur préfère, et de loin, les femmes des pays émergents ou du Tiers Monde qui, elles, ne chipotent pas sur tout. Mais cette posture défensive ne contribue pas à un climat de dialogue et de bienveillance. Les positions restent théoriques, peu frottées d'expérience vécue, et surtout toujours unilatérales. Les textes que nous avons commentés sont des productions en chambre que nul débat n'a générées. Comment, dans de telles conditions, pourraient-ils devenir une référence commune, un consensus sur lequel on pourrait construire ?

Chapitre VII

Sexualité, maternité, amour et procréation

Rien d'étonnant, après ce qu'on vient de lire, que, dans le petit monde catholique, la présentation d'une femme commence par le sempiternel « mariée, 3 enfants ». Pourtant, est-ce la première chose à dire pour désigner quelqu'un ? Sa compétence pour parler de sa foi vient-elle de sa vie conjugale et de sa maternité ? Ce petit fait en rejoint un autre, qui est la fréquence avec laquelle les textes magistériels traitant des femmes y associent un discours sur la vie sexuelle. Pourquoi cette association si immédiate, qu'on ne retrouve pas lorsque le discours a trait aux hommes. Femme et sexualité sont-ils synonymes?

L'une des premières explications à cet état de fait est, encore une fois, que ce sont des hommes qui parlent des femmes. Comment se les représentent-ils ? Une réponse s'impose. Ces hommes célibataires parlent de la femme qu'ils ont connue et de celle qu'ils ne peuvent pas connaître du fait de leurs vœux de chasteté. Entre une mère qui continue à régner dans leur esprit et une femme rêvée, fantasmée, dont l'image n'est jamais rectifiée par la « vraie vie », il y a peu de place pour des « vraies » femmes avec qui ils pourraient entretenir des relations de compétence et de fraternité. Trop de fantasme chasse le réel.

Pour une multiplication des différences

Aussi, a-t-on pu souvent observer – plus dans le passé qu'aujourd'hui, mais ces modèles ne sont pas loin – que les modèles féminins de référence les plus utilisés sont ceux de la mère et de la putain. Le premier modèle est souvent à l'arrière-plan des relations directes, le second sous-tend les discours qui, parce qu'ils sont plus distancés, peuvent se permettre de pourfendre les excès ou les dérives de la sexualité. Dans ces exposés, souvent vagues, s'expriment les représentations plus fantasmatiques et plus inquiétantes de la prostitution et de la débauche. J'entends encore des ecclésiastiques, dans le salon de mes grands-parents, murmurer en baissant les yeux : « c'était une grande pécheresse ! » Les notices hagiographiques des saintes regorgent de mères vertueuses et de pécheresses repenties. Entre les deux, la virginité féminine (là aussi, le langage est instructif, la virginité est un mot sans conversion possible au genre masculin et elle ne saurait s'appliquer à des hommes) joue un rôle particulier. Si dans les premiers siècles chrétiens elle a été un instrument de libération du joug conjugal, avec les siècles elle est devenue ensuite, et pour longtemps, la ligne Maginot des clercs, censée les protéger des assauts féminins. C'est pour cela qu'elle a été autant valorisée, au point que l'institution s'arroge même le droit d'imposer le titre de « vierge » aux femmes laïques consacrées. Et ceci n'est pas de l'histoire ancienne ! Un conflit actuel et récurrent oppose certaines d'entre elles à leurs évêques qui décident qu'elles s'appelleront « vierges consacrées ». Tout le monde a-t-il besoin de savoir ? Et n'est-ce pas à elles de choisir le titre qui honorera le mieux leur engagement religieux ?

Ce rapide tableau montre combien perdure dans l'Église cette sous-estimation des multiples manières d'être femme. Faute de se frotter assez souvent à la variété des manières d'être homme ou femme, l'institution ecclésiale continue à entretenir des images stéréotypées de « l'autre sexe », mais finalement, aussi du sien. En outre, elle a tendance à en faire des normes et elle les promeut au nom du respect de la différence voulue par Dieu. Or, je crains que ce ne soit exactement le contraire. La différence originelle, nous l'avons observé, n'a pas de contenu objectif, imposable à tous, partout et toujours. En établir certaines et les placer comme des normes, c'est répondre à la place des intéressés et cela revient à saper à la base le projet divin, qui est précisément de laisser chacun inventer « sa » différence. C'est en laissant se multiplier ainsi les manières différentes de vivre la différence que l'on donne corps à la différence voulue par le Créateur. La plus grande liberté actuelle dans la manière de vivre son être femme ou son être homme n'est pas l'extinction de la différence voulue par le Créateur, mais, au contraire, son accomplissement. Que des femmes investissent des attitudes jusque-là portées par des hommes et à l'inverse, que des hommes découvrent leur part féminine est pour moi le contraire de l'écrasement des différences : c'est leur multiplication quasi infinie. Je ne partage donc pas les propos pessimistes du Magistère sur l'extinction des différences, car le contraire s'impose à moi. Nous pouvons tous témoigner de la richesse que nous apportent ceux qui ont des pratiques diverses de la différence. Il est heureux aussi que, par la multiplication des activités communes entre prêtres et laïcs, dans les paroisses ou les mouvements, les occasions se multiplient de mieux connaître les mille et une manières d'investir son être sexué. Et tant mieux si ces laïcs sont aussi des hommes, ils donnent de la variété aux images masculines, ce qui est un gain.

Les fins du mariage

Après ces propos, la survalorisation par l'Église du mariage dans la réalisation de l'être femme sonne plus comme un carcan que comme une liberté donnée. Pour l'Église, qui lit le texte de Genèse 2, 18-25 comme une invitation au mariage, il reste préférable qu'une femme digne de ce nom, si elle n'est pas religieuse, soit mariée. Pourtant, l'Église ne s'est pas intéressée très tôt au mariage. Au IVe siècle, saint Jérôme, traduisant en latin le livre de Tobie qui contient une prière des époux (souvent lue lors des mariages)[56], avait été un peu hâtif et il s'était écarté des versions grecques et latines les plus en usage pour y insérer sa vision personnelle des fins du mariage. De manière fort appuyée, il avait fait de la procréation la fin naturelle et unique du mariage[57]. L'Église a cependant continué à être du côté des forces de libération en exigeant le consentement des fiancés, jugé par elle suffisant pour

[56] Tobie, 8, 5-8.

[57] Cette traduction a été récemment révisée et la procréation n'y est plus mentionnée.

admettre la validité du mariage. Cette décision a permis à beaucoup de femmes de se soustraire à une tutelle parentale oppressante et d'épouser celui qu'elles aimaient. On semblait croire alors au mariage d'amour... Au XIIe siècle, le mariage devient un sacrement que les fiancés s'administrent eux-mêmes. Mais il reste toujours entendu pour l'Église et la société du temps que la procréation était sa principale fin. L'exercice de la sexualité, dans ce schéma, était un moindre mal, une simple tolérance destinée à éviter aux maris de courir le guilledou ailleurs. Et l'amour entre les conjoints, s'il pouvait exister, n'entrait pas dans les fins du mariage. C'est Jean-Paul II qui, modifiant la position ecclésiale, lui a reconnu une place, trop modeste par rapport aux enjeux courus. Celle-ci a été confirmée – certes à mots couverts – dans le Code de droit canonique qui indique que le mariage est « ordonné par son caractère naturel au bien des conjoints ainsi qu'à la génération et à l'éducation des enfants[58] ». Sans doute faut-il y voir cette crainte récurrente que la sexualité ne prenne le pas et ne mène la danse. Mais qui peut soutenir aujourd'hui que la question de la procréation soit centrale, lorsque la planète compte 7 milliards d'habitants ? Par contre qui peut nier que se marier sans amour ni désir profond est courir le vrai risque de gâcher sa vie ?

Si la procréation est une fin du mariage chrétien, osons espérer que c'est par amour des enfants, signe du don, de l'ouverture vers l'avenir et non parce que les femmes seraient réduites à des ventres. En effet, il va de soi que la maternité, lorsqu'elle est possible, est une expérience incomparable et qu'elle est la source de grandes joies. Une

[58] Canon 105.

grossesse, lorsque les conditions de santé sont bonnes, est une période heureuse. À condition de reconnaître qu'elle peut être très diversement vécue par les femmes. Toutes ne sont pas enthousiastes à la pensée de porter des enfants. Et beaucoup découvriront, devant un bébé terroriste qui saccage le sommeil de la maisonnée, que l'amour maternel n'est pas un trait de nature, mais qu'il s'apprend au fil des jours de la vie commune. Nature, culture, on y revient...

Quant à la joie d'un foyer familial, elle n'est pas réservée aux mères. Elle se partage avec un conjoint. Se réjouir de protéger et de faire croître l'existence d'autrui, accompagner les moments aveugles d'une adolescence, assister à d'inimaginables métamorphoses, pouvoir aimer surtout, même mal et recommencer à aimer, tout cela, j'ose le dire, transfigure le quotidien d'une vie. S'y ajoute ce sentiment très gratifiant de se savoir suivi, mortel sans être mort pour tout le monde ; oui, cela a du prix.

L'éducation des enfants, elle aussi, est de plus en plus et de mieux en mieux partagée par les deux parents. Les rôles classiques, revisités et confortés par la psychanalyse, qui attribuent à la mère le premier étayage identitaire, la reconnaissance de soi, et au père la tâche d'effectuer la première séparation et de faire accéder l'enfant à la loi, au monde social, sont de plus en plus réinvestis par les deux parents selon les charismes de chacun. Si, traditionnellement, les enfants étaient le domaine réservé des mères, cette illusion est maintenant bien écartée, car on comprend de mieux en mieux que ceux-ci ont un besoin impérieux d'avoir un père qui soit présent et prenne sa part de l'éducation de ses enfants.

Certes, ce modèle classique de la famille n'est plus celui qui domine, et l'Église qui le soutient aujourd'hui ne l'a pas toujours défendu, mais ce n'est pas une raison pour en dire du mal, quand on sait le bien qu'il peut faire.

Ceci ne doit pas faire oublier que la maternité, privilège féminin, ne tient pas lieu d'identité. La maternité est un surcroît : elle vient ou elle ne vient pas. C'est cette réalité que l'Église sous-estime lorsqu'elle définit la femme par sa maternité. Qui ne voit qu'en agissant ainsi, elle accorde peu de prix au reste ? Quelle femme n'en retire l'impression qu'elle n'est pas comprise, pas reconnue pour elle-même et ne risque d'en concevoir du ressentiment ? Ainsi, Monseigneur Vingt-Trois affirmait encore à Jean-Pierre Elkabbach, à propos de la parité demandée par les femmes que : « malgré tous vos efforts, vous ne pourrez jamais mettre au monde un enfant[59] ». Il poursuivait en disant qu'il y avait des différences et que cela se traduisait par des fonctions différentes. Je trouve l'argument bien court et assez humiliant. Sous couvert d'exalter la prouesse d'une maternité, le propos est réducteur : il ramène les femmes à des ventres. Celles qui ne désirent pas d'enfants, celles qui n'en ont pas parce qu'elles sont stériles ou parce que leurs maris le sont, ou parce que leur santé, ou des circonstances particulières en ont décidé ainsi, ne seraient-elles pas des femmes à part entière ?

Sans doute beaucoup de mères apprennent, comme je l'ai appris, qu'être mère est un rôle à tenir, comme chacun de nous en tient trois ou quatre dans sa vie. Un rôle

---

[59] Europe 1, 8 avril 2012.

qui s'apprend, parfois dans la dénégation des contraintes qu'il implique, et un rôle qui, autant que les enfants, « ne tient pas en place », car il est appelé à se transformer. S'il est, aux premiers temps, de toute présence, d'anticipation, d'étayage, il est plus tard de retrait, de distance, de non savoir, car la vie de chacun, de ses enfants aussi, est une histoire unique et imprévisible. Chaque mère sait les exigences du rôle, mais chaque père connaît les siennes, car la paternité, elle aussi, est un rôle à tenir ; et les deux sont régis par l'amour.

Quant à la sexualité, elle est vraiment la mal-aimée de l'Église. Cette erreur d'appréciation est catastrophique pour une institution qui prétend accompagner l'humanité vers son accomplissement. On sait bien que le discrédit remonte loin dans l'histoire, à l'influence de la pensée grecque qui entendait dépasser les réalités corporelles pour accéder au monde des idées, mais là encore, malgré les mises au point vigoureuses de Vatican II, le passé a la vie dure et surtout, il imprime encore sa marque dans les esprits, tant les changements semblent n'affecter qu'un discours de surface. Pourtant, on sait de mieux en mieux combien la sexualité, certes ambigüe et complexe, est au fondement de la vie relationnelle des êtres humains. La confondre, comme c'est encore trop souvent le cas, avec la licence, et entonner des lamentations sur la dépravation moderne est plus qu'une erreur. C'est rater une occasion de dire du bien. Oui, l'activité sexuelle est un chemin d'humanisation, elle dénoue les blocages, elle rend joueur, léger et surtout, elle désenclave l'être tout entier, devenu capable et heureux du plaisir d'autrui. Sans doute est-elle, en ces impacts, plus performante que l'abstinence dont on connaît mieux aujourd'hui les impasses.

Oui, la sexualité soigne et même elle guérit. Sur la question de la différence, elle a son mot à dire. Elle en est à la fois l'illustration et le dépassement. Dans l'échange sexuel, l'autre est à la fois pleinement autre, car il m'apporte ce que je n'ai pas, et la différence est, l'espace d'un instant, abolie. Au sens le plus fort du mot, la sexualité est un exercice relationnel entre deux personnes. Dieu y est présent, comme dans toute relation humaine. C'est pourquoi on se trompe en la méprisant, ou en la sous-estimant, ou en la réservant à ceux qui ne peuvent pas faire autrement. Tant que les enseignements de l'Église continueront à émaner de personnes qui portent un jugement négatif sur elle, cette incompréhension durera. Ces quelques remarques m'amènent à un paradoxe : elles militent pour une plus grande expression de la parole féminine sur la sexualité. Mais ce faisant, je renforce l'association entre femmes et sexualité que je dénonçais au début ! La solution ? Qu'enfin, ce soient des hommes qui disent du bien de l'activité sexuelle, ni celle de l'excès ni celle de la consommation débridée, mais celle de notre ordinaire et humaine extravagance.

CHAPITRE VIII

Femmes et féminin

Dans sa prétention à définir une vocation propre à la femme, le Vatican va plus loin qu'une simple affirmation. En effet, si les femmes assument ce qu'elles sont « de nature », si elles sont des « aides », si la maternité est l'illustration parfaite de cette aide, elles possèderont « naturellement » toutes les qualités féminines qui contribueront à épanouir leur vocation. Le Magistère n'a donc aucune raison de faire de différence entre les femmes et « le féminin ». Pour lui, les deux coïncident.

Or, de plus en plus de voix autorisées, celles de philosophes, d'historiens, de chercheurs en sciences sociales, s'élèvent aujourd'hui pour disjoindre les deux, sans doute parce que la croissance de l'esprit démocratique conjuguée aux progrès des sciences humaines permettent de dénoncer des situations mal vécues, ou même oppressives. Ces travaux d'origine nord-américaine, désignés d'un terme générique de « gender studies, » « études sur le genre », ont très vite fait l'objet de vives critiques par le Vatican. Sans doute sa crainte est-elle double : que sa thèse sur l'identité féminine soit remise en cause et que le mariage homosexuel, en voie de légalisation dans plusieurs pays occidentaux, ne gagne l'ensemble des pays occidentaux[60].

Aussi, la dénonciation a été violente. Déjà, elle figurait dans la *Lettre aux évêques* de 2004. Le ton est rude ! « Ces dernières années, on a vu s'affirmer des tendances nouvelles pour affronter la question de la femme. Une première tendance souligne fortement la condition de subordination de la femme, dans le but de susciter une attitude de contestation. La femme, pour être elle-même, s'érige en rival de l'homme. (...) Une deuxième tendance apparaît dans le sillage de la première. Pour éviter toute suprématie de l'un ou l'autre sexe, on tend à gommer leurs différences, considérées comme de simples effets d'un conditionnement historique et culturel. Dans ce nivelage, la différence corporelle, appelée *sexe*, est minimisée, tandis que la dimension purement culturelle, appelée *genre*, est soulignée au maximum et considérée comme primordiale. L'occultation de la différence ou de la dualité des sexes a des conséquences énormes à divers niveaux. Une telle anthropologie, qui entendrait favoriser les visées égalitaires pour la femme, en la libérant de tout déterminisme biologique, a inspiré en réalité des idéologies qui promeuvent, par exemple, la mise en question de la famille, par nature bi-parentale, c'est-à-dire composée d'un père et d'une mère, ainsi que la mise sur le même plan de l'homosexualité et de l'hétérosexualité, un modèle nouveau de sexualité polymorphe[61]. »

---

[60] Les Pays-Bas, la Belgique, l'Espagne, la Grande-Bretagne, le Canada ont légalisé le mariage homosexuel et, pour certains, l'adoption d'enfants. En France, la loi devait être votée en 2013.

[61] *Lettre aux évêques*, *op.cit*, I, 2.

Outre le ton très défensif, dur envers la contestation des femmes, accusée de saper les fondements de la famille, il est intéressant de souligner combien, pour le Vatican, les « visées égalitaires pour la femme » ne seraient que le cheval de Troie de l'homosexualité. Deux causes qui auraient partie liée ! Pour évaluer les enjeux de cette querelle, revenons un peu en arrière.

Comment Sophie est devenue femme

Avant toute autre parole, même un prénom, quelqu'un a accompagné notre venue au monde par cette exclamation : « C'est une fille ! C'est un garçon ! » Et ce prénom, sitôt attribué, continuera à qualifier d'un côté les « filles » et de l'autre les « gars ». Certes, quelques prénoms jouent les transfuges : Claude, Dominique, Camille… Ils sont l'exception qui confirme la règle. C'est dire si notre univers est façonné depuis toujours par cette différence originaire. Mais... la différence des sexes et la différence des générations ont beau être instituées, « dès l'origine », marquées du sceau de l'officier de l'État civil qui délivre l'extrait de naissance, elles ne sont encore que des mots pour le petit bébé (tiens, pas de féminin au « bébé » !) qui vient de connaître, sans encore la comprendre, la séparation majeure de sa vie, celle qui modèlera toutes les suivantes. Mais père, mère, et grands-parents se chargeront vite de marquer la différence entre la petite Sophie qui vient de naître et son frère aine. Bientôt sa maman s'y emploiera : « C'est vraiment une fille, elle fait de ces manières ! » Et moins d'un an plus tard, elle ajoutera : « Quelle charmeuse, elle obtient tout de son père ! » Ne négligeons pas l'hypothèse que cette maman soit vraiment devant une évidence et que la petite Sophie ait très vite su mettre en pratique quelque chose de l'attirance des sexes pour parvenir à ses fins. Mais force est de reconnaître que le féminin, le « genre », est une construction sociale bien plus qu'un fait naturel. Il faudra d'ailleurs à la petite Sophie des années d'apprentissage, plus ou moins heureux, pour qu'elle puisse se reconnaître comme une femme selon la représentation du féminin que la société lui fournit, à moins qu'elle ait réussi à la transformer selon l'idée qu'elle s'en fait. Selon le mot de Simone de Beauvoir, Sophie n'est pas née femme, elle l'est devenue.

Des questions radicales

Nul n'ignore aujourd'hui que « l'éternel féminin » est mortel, comme on l'a reconnu hier des civilisations. Même si le Vatican ne veut pas le voir, on est mieux conscient du décalage qui existe entre une « femme » (individu de sexe féminin), le féminin, ensemble de qualités reconnues aux femmes, le « genre » en somme, et l'orientation sexuelle, c'est-à-dire l'attrait pour un même sexe ou pour un sexe différent. Mais la nouveauté est que l'on ne l'accepte plus comme un destin. C'est à refuser ce destin que s'emploient les études de genre.

Le mot, parfois, inquiète... Dans l'opinion catholique française, le « gender » est arrivé, il y a moins de cinq ans, comme le virus Ebola ; et la frousse qu'il a générée a consisté d'abord à s'inquiéter du terme, jugé exotique et complexe, alors que la réalité dont il tire son nom est bien connue de tout écolier, qui apprend à « accorder » sans faute un nom – et la chaîne des adjectifs qui suivent – avec son « genre », masculin ou féminin.

Les « gender studies » sont donc un ensemble hétérogène d'analyses méthodiques du masculin et du féminin. Déjà, Simone de Beauvoir, dans *Le Deuxième sexe* (1949), avait souligné la part déterminante de la culture dans l'identité d'un sujet. Le genre apparaissait bien comme construit par une culture et non donné par Dame Nature. Déjà, aussi, la théorie freudienne de la bisexualité avait déconnecté le genre d'avec le sexe en posant qu'en chaque individu coexiste « du » masculin et « du » féminin, à doses variables, même si le caractère culturellement construit de ces critères n'avait pas été souligné par Freud. Cette distinction entre la personne et les qualités qu'on voudrait lui prêter est d'une extrême utilité, car elle soutient l'identité de personnalités peu conformes aux clichés culturels de leur sexe, femmes aux qualités dites masculines – actives, pénétrantes, rationnelles – , hommes aux qualités dites féminines – doux, accueillants, intuitifs – et elle laisse à chacun le génie de les assembler selon un cocktail unique.

Les études actuelles prolongent ce courant, mais elles posent au passage des questions fondamentales. La philosophe Judith Butler[62] et l'historien Thomas Laqueur[63] observent que la différence des sexes est une construction sociale et non un donné naturel. La thèse provoque – comment nier la part de la réalité biologique ? –, mais elle fait aussi réfléchir sur les associations peut-être rapides qui sont faites entre femme et féminin, sur la manière dont chacun habite « son genre » et accueille ceux

[62] Judith Butler, *Trouble dans le genre, le féminisme et la subversion de l'identité*, La Découverte, 2005.

[63] Thomas Laqueur, *La fabrique du sexe. Essai sur le corps et le genre en Occident*, Gallimard, 1992.

qui l'habitent autrement que lui. Elle amène peut-être aussi chacun à reconsidérer sa représentation du monde et à se demander si la différence, au sens biblique ou anthropologique du mot, ne se vit que dans la différence des sexes, ou autrement[64].

Notre question est alors de savoir à quel titre la petite Sophie sera aimée de Dieu. Sera-t-elle aimée pour avoir obéi à son « déterminisme biologique » en devenant mère (ou « mère spirituelle ») ? Pour s'être conformée aux codes de féminité en vigueur ? Ou pour n'avoir été attirée que par quelqu'un du sexe opposé ? Ou enfin, peut-elle être aimée pour elle-même, sans condition, « parce que c'est elle » ? Ce type de question est loin d'être théorique. Le premier objet de plainte des personnes homosexuelles vise justement la levée de cette dernière incertitude : elles veulent être reconnues pour elles-mêmes, sans jugement sur ce qu'elles considèrent, à bon droit, comme leur vie privée.

Une à une, je laisse défiler les hypothèses que je viens d'énoncer... Choquée, oui je le suis, à la pensée de toutes ces impasses où l'amour de Dieu pourrait se dévoyer s'il était brandi comme un label de conformité à un déterminisme biologique, ou à un conformisme culturel, soit, enfin, à une orientation hétérosexuelle, dont certains disent et redisent qu'ils ne peuvent s'y résoudre parce qu'elle ne leur convient pas et qu'ils ne s'en sont détournés qu'à la suite de longues tentatives infructueuses. Dieu n'aimerait-il pas les femmes « parce que ce sont elles », tout simplement ?

---

[64] Voir chapitre II.

Différence et inégalités

Pour essayer de répondre aux craintes de la *Lettre aux évêques*, je crois que les différences entre les hommes et les femmes ne sont pas du tout en péril aujourd'hui. Elles restent l'un des socles de l'humanité. Ce diagnostic volontairement noirci est l'astucieux paravent qui dissimule une lutte pour le maintien de privilèges masculins, d'autant plus âpre qu'elle se sait perdue. Ne soyons pas dupes : pourfendre les velléités égalitaires des femmes au motif qu'elles contrarieraient le déterminisme biologique voulu par Dieu n'est pas autre chose qu'une lutte corporatiste. Et prétendre que ces revendications ne sont qu'expression d'un narcissisme insatiable et d'une convoitise gloutonne, en somme, est du même ordre. Le Magistère utilise tous les stratagèmes possibles pour faire du « féminin » une volonté divine, ce qui est dans la logique de sa vision de la femme, dotée d'une vocation spéciale. On voit bien que les « gender studies » ébranlent cette prétention : elles disent que cette vocation de la femme est *made in Vatican* et rien d'autre. Et elles permettent de voir que les différences actuellement refusées, ce sont celles qui brident, asservissent, humilient. Ce sont précisément des « inégalités ».

Certes, il est difficile de lutter en même temps contre des inégalités et de cultiver « sa » différence. Pour les femmes de l'Église, il y a là un choix de stratégie à faire. Toute exaltation des « qualités féminines » fait courir le risque que le Magistère surenchérisse en les tenant pour « naturelles » et voulues par Dieu. C'est pourquoi je pense qu'il est prioritaire de lutter contre les discriminations. Mais la fin des inégalités pourrait sans doute permettre aux femmes de dire plus librement quel est le

« féminin » qui leur convient, parce que désormais, personne ne pourrait en faire un instrument d'oppression.

Certes, le risque de convoitise demeure, cette envie mortelle de tout posséder, d'être soi et l'autre en même temps. Et en tout être humain, elle peut exercer ses ravages. On a dit des femmes cherchant à s'émanciper que la convoitise les poussait. Mais ce n'est pas la convoitise, c'est exactement le contraire ! Elles dénoncent la volonté d'emprise de l'un sur l'autre, déjà perceptible dans la première parole de l'homme (Genèse 2, 23). C'est ainsi qu'elles signifient que leur différence n'est pas respectée, que leur dignité n'est pas reconnue.

Dans leur critique du caractère construit, culturel, du féminin, les études de genre sont des alliées de poids pour les femmes catholiques. Elles les aident à voir combien le Vatican fait un grand usage d'un « féminin » qu'il entend contrôler. Lisez n'importe quel discours pontifical sur les femmes, et vous serez surpris des innombrables glissements sémantiques qu'il opère. Sans cesse, le lecteur se demande de qui on parle : des femmes, les vraies, ou d'un féminin fantasmé ? Il est donc précieux de ne jamais oublier le grand texte fondateur de Genèse 2. Dieu a donné la différence à l'homme et à la femme pour que l'un n'empiète pas sur l'autre. Il n'a rien dit du féminin ni du masculin.

Chapitre IX

Les petites mains de l'Église

L'émancipation des femmes pose à l'Église des problèmes gigantesques. Non seulement elle lui rappelle combien il lui est impossible de se tenir en marge, et même à contre-courant d'un phénomène mondial ; non seulement elle la met en contradiction avec l'idéal de libération prôné par Jésus, mais elle contribue à ébranler ses bases disciplinaires internes déjà fragilisées. Alors, ne rien faire, n'est-ce pas la solution la plus simple? Même en ce qui concerne l'instauration de diaconesses, ce qui serait une timide initiative, a priori consensuelle, le Vatican semble avoir décidé de ne pas bouger. À la place se multiplient les traitements de type cosmétique. Quelques nominations médiatisées, la publication par l'*Osservatore romano* d'un supplément mensuel consacré aux femmes[65], et beaucoup de prises de parole louangeuses. Paul VI, Jean-Paul II, puis Benoît XVI se sont assez souvent exprimés sur la question des femmes et de leur place dans l'Église. Plusieurs fois pour redire la position officielle sur la masculinité du prêtre[66]. S'y ajoutent de nombreuses

---

[65] À compter du 30 mai 2012.

[66] En particulier : Déclaration de la Congrégation pour la Doctrine de la Foi, *Inter Insigniores*, sur la question de l'admission des

prises de parole publiques en des circonstances particulières, Journée des femmes, fête d'une sainte... Les papes successifs manifestent souvent leur gratitude et prennent acte de « la contribution essentielle des femmes à la vie de l'Église ». Assurément, ils semblent conscients de l'existence d'un malaise interne et sont certainement peinés que l'on puisse soutenir que l'Église serait « contre les femmes ». Benoît XVI a évoqué leur « rôle charismatique » et regretté leur faible présence dans le gouvernement de l'Église[67]. Je ne doute ni de sa sincérité, ni du poids négatif de l'histoire, ni des réticences multiples de son environnement. Jean-Paul II, déjà avait reconnu « la responsabilité objective de nombreux fils de l'Église », et l'avait regrettée, en invitant toute l'Église à être plus fidèle à une inspiration évangélique qui, précisément, était libératrice et actuelle[68].

Un nouveau prolétariat

Mais hélas, un fait massif, un seul, contredit tout le crédit que les femmes peuvent accorder à ces discours, si courtois soient-ils. Ce ne sont encore que des hommes qui parlent pour des femmes, qui imposent leur vision des femmes et leur assignent des rôles particuliers, au sein

---

femmes au sacerdoce ministériel, 1976 ; Lettre apostolique de Jean-Paul II *Mulieris Dignitatem*, 1988 ; Lettre apostolique *Ordinatio Sacerdotalis*, 1994 ; Jean-Paul II, *Lettre aux femmes,* 29 juin 1995. Et aussi : *Lettre aux évêques de l'Église catholique sur la collaboration de l'homme et de la femme dans l'Église et dans le monde*, Joseph Ratzinger et Angelo Amato, 2004.

[67] Mars 2007.

[68] *Lettre aux femmes,* 29 juin 1995.

d'une Église où elles sont à la fois chez elles et extrêmement actives, de mille et une manières. Car l'omniprésence des femmes dans l'Église est évidentc, soit en tant que fidèles, soit par leurs engagements effectifs. Les femmes, laïques ou religieuses, sont partout : dans les aumôneries scolaires et hospitalières, dans la préparation liturgique, par leur présence aux exclus, par leur prière de contemplatives. Elles occupent aussi, c'est vrai, certaines responsabilités, parfois décisives, dans les conseils de paroisse, les conseils épiscopaux. Mais les somptueuses cérémonies du Vatican comptent bien peu de silhouettes féminines... Beaucoup de soutanes, mais très peu de jupes. Et s'il y en a quelques-unes, elles ont toujours des positions excessivement discrètes, derrière les colonnes, réduites à des fonctions effacées.

Oui, notre Église, celle que nous aimons parce qu'elle nous a donné Jésus Christ, a réussi cette triste contre-performance de générer en son sein un véritable prolétariat, ces milliers de petites mains qui font tourner la maison et font qu'elle reste habitée, vivante, et chaleureuse, mais privée de leur parole de femmes. Ce n'est que depuis Vatican II que la vie ecclésiale s'est autant féminisée, à la suite du formidable élan de formation et de promotion du laïcat qui a suivi le concile. L'Église a formé, promu, mais elle n'a pas considéré les femmes comme des sujets à part entière. La situation actuelle est donc particulièrement critique.

Il n'est pas sûr qu'elle soit explosive. Pour qu'elle le soit, il faudrait que la maison Église n'ait ni portes ni fenêtres. Or, elle en a. Et les femmes s'en vont... Il est toujours difficile de quantifier ce genre de départ, mais nul ne le contestera. Depuis bientôt deux générations, l'hémorragie est considérable. Tous, nous sommes entourés de proches, enfants, amis, qui ont tourné le dos à une institution qui les accueille si mal. S'ajoute à cela un raidissement récent qu'il serait trop long d'analyser ici, mais qui dit, souvent à mots couverts, plus crûment dans certains groupes traditionnalistes, que la porte est ouverte et... bien ouverte[69]. Ceci dépasse la question proprement féminine, mais elle l'englobe. Ce qui choque, c'est que de tels propos ne suscitent pas un démenti immédiat et catégorique des épiscopats concernés. Ce déni, non seulement de la liberté de parole, mais de sa prise en compte effective, illustre un type de gouvernance qui ne peut plus fonctionner aujourd'hui. Mais ceux qui tiennent ces discours, outre qu'ils ne mesurent sans doute pas la violence de leurs propos, voient-ils qu'ils sont en train de réduire la maison Église à n'être qu'un club de pétanque où chacun vient s'il retrouve ses copains ou s'il est bon pointeur. Ils font fi de la dimension spirituelle de l'Église : quitte-t-on le Christ qui habite et fonde l'Église, une fois qu'on l'a rencontré ? L'Église, nous dit-on souvent, est une communion. Mais pourquoi n'invoque-t-on pas cette communion pour donner la parole aux femmes ?

Si la situation ne tourne pas à l'affrontement, c'est aussi parce que la vie courante dans une paroisse ou un lieu d'Église corrige parfois la violence des propos rapportés ici. J'ai assez souvent rencontré des prêtres de paroisse

[69] Cette position vient d'être tenue par Bill Keller, ex-rédacteur en chef du *New York Times*, dans une des tribunes en ligne les plus discutées entre catholiques américains actuellement. Elle se résume à la formule « Shut up or go ! », « Tais-toi ou pars » et est destinée aux catholiques progressistes. *La Croix*, 29 juin 2012.

ou des religieux qui ont su me considérer avec une bienveillance toute évangélique, avec une attention à ma vie dénuée de préjugé, de jugement, et qui ont su me confier des responsabilités sur des critères de compétence, pour savoir que, heureusement, la base corrige souvent les excès de la tête. Ainsi, beaucoup d'hommes et de femmes de bonne foi peuvent à peine se rendre compte de cette sujétion. Mais qu'ils prennent un peu de recul, au-delà des liens affectifs entre personnes, qu'ils analysent les mécanismes en jeu et ils ne manqueront pas d'éléments objectifs pour étayer le diagnostic posé ici.

Ni cet excès d'honneur, ni cette indignité

Enfin, ce qui confirme encore cette analyse, c'est que le Magistère souffle tantôt le chaud, tantôt le froid, par l'alternance de flatteries et de critiques acerbes. Commençons par les critiques. Ces femmes veulent le pouvoir, entend-on, comme un reproche. La remarque est assez cocasse[70]. Le pouvoir serait bon lorsqu'il est détenu par les clercs et mauvais lorsque ceux qui n'en disposent pas le demandent... La manière qu'a le Magistère de poser le problème est, elle aussi, étrange. Elle consiste à dire que dans l'Église, il n'y a pas de pouvoir. Pour cela, l'argumentation se fait à deux niveaux – théologique et institutionnel – et l'orateur passe de l'un à l'autre quand le besoin s'en fait sentir. D'un point de vue théologique, Benoit XVI rappelle, par exemple, que « c'est le Sacrement qui gouverne l'Église et que c'est toujours le Christ

[70] Voir Anne Soupa, « Pouvoir et service », Revue *Esprit et Vie*, 2011, n° 237, p. 9-12.

qui préside[71] ». Certes, mais il est bien évident que les décisions et responsabilités sont toujours exercées par des personnes qui le font au nom du Christ. Qui veut-on leurrer en jouant ainsi ? Il existe donc bien réellement un pouvoir dans l'Église. Simplement, le Magistère joue sur l'interchangeabilité des deux niveaux pour préserver son pouvoir actuel. Comment ne pas constater que cette posture d'esquive empêche radicalement tout débat ? Lorsqu'elles demandent des responsabilités, les femmes se les voient non seulement refuser, mais on leur en conteste même le droit. Aussi, une bonne fois pour toutes, à ce genre de critiques, je réponds en abondant : Oui, nous les femmes, demandons le pouvoir. Mais nous sommes d'Église et nous savons tout autant que les hommes reconnaître que le vrai pouvoir, c'est le Christ qui le détient.

Venons-en maintenant aux flatteries. Je ne doute pas que des compliments viennent parfois du cœur. Mais certains sont de très malhonnêtes pirouettes. En voici un exemple, d'une telle audace qu'on ne saurait l'inventer. Il s'agit d'une catéchèse de Monseigneur Léonard aux JMJ de Madrid[72]. Elle mérite bien la place que je lui donne : « S'il s'agissait d'une question de compétence de coeur, de disponibilité, on ordonnerait peut-être plus de femmes que d'hommes. Mais, dans le rôle du Christ époux, que voulez-vous, symboliquement, une femme peut difficilement se tenir dans ce rôle. Et donc, rassurez-vous – je dis cela spécialement à l'intention des filles – le sacerdoce qui est une belle chose, le sacerdoce un jour passera. Dans la vie éternelle, on

[71] *La Croix*, 8 mars 2007.

[72] *Témoins du Christ dans le monde*, 19 août 2011.

n'aura plus besoin du ministère, du pape, des évêques, des prêtres et des diacres, mais la féminité de l'Église, l'Église épouse, la Fiancée qui descend du ciel, toute parée pour son époux, elle aura le dernier mot, elle a la promesse de l'éternité. Donc, que jamais une femme ne se sente sous-estimée parce qu'on ne l'ordonne pas prêtre. Je l'ai dit tout à l'heure avec humour, mais je le pense vraiment : la féminité de l'Église, et en ce sens, la femme, aura le dernier mot dans l'histoire de l'Église et du monde. »

Ce texte est digne d'une anthologie. Depuis longtemps, je n'avais autant senti l'odeur de l'opium détectée par Marx, il y a pourtant un siècle et demi. Il illustre ce que je dénonçais de l'utilisation abusive du « féminin » pour écarter les vrais femmes[73]. Mais l'histoire ne s'arrête pas là : ce discours m'a été envoyé par une dame très fâchée contre le Comité de la jupe[74]. Cette dame voulait – preuve à l'appui et petit mot d'accompagnement bien senti –, me montrer que les évêques ne sont pas aussi méchants et antiféministes que nous le proclamons. Je ne doute pas de sa sincérité. Mais je ne doute pas non plus que ledit comité n'ait encore de beaux jours devant lui...

Il arrive encore très souvent que les femmes elles-mêmes intériorisent la consigne de discrimination. Encore un dernier exemple, récemment rapporté. Un jour de première communion, le prêtre propose à des parents de donner la communion. L'un des pères sollicités transmet

---

[73] Pages 61-62.

[74] Le Comité de la jupe a été créé en décembre 2008. Il a pour objet la défense de la dignité des femmes dans l'Église catholique. www.comitédelajupe.fr.

l'invitation à sa femme. La mère va voir la personne chargée de l'animation liturgique, une femme, qui ne cache pas son embarras : « Au moins, mets-toi au fond, on ne te verra pas » ! Un travail de prise de conscience est indispensable pour ne pas tenir ce genre de propos, qui dévalorise, humilie, et finalement exclut. Mais ces femmes qui se dévalorisent ainsi ne sont-elles pas en train de douter que Dieu les aime ? Si elles étaient convaincues de son amour, ne se précipiteraient-elles pas pour le servir, et au grand jour ?

Et pour charger encore la barque...

À ces remarques globales, s'ajoutent d'autres facteurs plus conjoncturels et plus propres à la France, même si la tendance restauratrice est assez générale dans l'Église. De nouvelles exclusions apparaissent. Certains diocèses de France se mettent à écarter les petites filles du service de l'autel, les femmes des lectures liturgiques, de la distribution eucharistique et, cerise sur le gâteau, du lavement des pieds. On a vu, dans beaucoup de paroisses de l'Ouest de la France et d'ailleurs, des lavements de pieds exclusivement prodigués à des hommes. Ces décisions font partie de l'entreprise de restauration dans laquelle se sont engagés un certain nombre de diocèses de l'Église de France, séduits par les effectifs des fidèles en temps de chrétienté, à l'image des années cinquante. Elles visent à favoriser des vocations presbytérales. Pour ce faire, les petites filles sont exclues du service de l'autel. Oh, les prétextes ne manquent pas : elles gêneraient les petits garçons, elles les empêcheraient de servir convenablement, elles leur porteraient ombrage[75]. Certes, on leur attribue d'autres fonctions : la distribution des feuilles de chants, l'accompagnement des jeunes enfants à la liturgie de la parole, le dépôt des offrandes. Elles portent des dénominations fleuries : « Servantes d'assemblées », « Servantes du Seigneur », « Petites Thérèse » et un costume qui les fait ressembler à une petite sainte Vierge. Mais en aucun cas, elles ne franchissent le seuil du chœur. Elles restent dans l'assemblée. Contrairement à ce que disent certains, l'exclusion du service de l'autel n'est pas une broutille. Comment se sentiraient-elles chez elles dans une Église qui les traite ainsi ? N'est-ce pas grave ?

L'ensemble de ces discriminations envers les femmes, visant toutes à les éloigner de l'autel, ne sont pas sans poser de graves questions. Elles réintroduisent un clivage en fonction de la pureté. Le peuple, globalement, serait impur, les femmes encore davantage et le prêtre peut ainsi se donner une position d'intercesseur comme il l'était parfois dans le Premier Testament : il « règne » sur le chœur ; il devient le médiateur entre l'assemblée et Dieu. Cette attitude obéit à des peurs archaïques, à des réflexes mal analysés. Elle traduit aussi le retour actuel du sacré, avatar d'une sécularisation qui, en écrasant la dimension religieuse du monde, laisse l'individu insatisfait. Un sacré assez primaire, qui serait attaché à des lieux, des moments, des personnes. Mais nous sommes là aux antipodes du christianisme, pour qui le prêtre est là au nom de tout le peuple – il n'a donc pas à en être séparé – et pour qui le seul sacré est le visage du frère !

---

[75] Il a, bien sûr, été proposé par le Comité de la jupe d'alterner les dimanches de garçons et ceux de filles pour éviter ces embarras. En vain.

L'ensemble de ces discriminations envers les femmes invite à une réprobation active à laquelle s'emploie depuis deux ans le Comité de la jupe[76]. Aucune n'a de justification théologique : ni les exclusions des fillettes du service de l'autel[77], ni le fait que les femmes soient écartées des lectures et de la distribution de l'Eucharistie[78], ni que le lavement de pieds soit réservé aux hommes[79].

Ces exclusions infondées portées par l'Église envers les femmes posent de graves problèmes théologiques. Si l'Église n'était que ce club de pétanque déjà évoqué, elle aurait bien le droit d'en exclure les manchots. Inaptes à

---

[76] Le Comité de la jupe a établi un dossier complet à l'usage des paroissiens qui voudraient manifester leur désaccord avec ces pratiques. www.comitedelajupe.fr : *Contre l'exclusion des femmes de la liturgie : notre premier recueil d'articles pour comprendre et agir*, par Gonzague Jobbé Duval. Et aussi : *La carte de France de l'exclusion des femmes de la liturgie*, par Gonzague Jobbé Duval.

[77] Les petits garçons n'ont prononcé aucun vœu, leur fonction n'est pas assimilable à une ordination presbytérale.

[78] Le droit de l'Église reconnaît le principe de l'égalité des femmes et des hommes devant ce service. *Canon 208 du code de droit canonique :* « Entre tous les fidèles, du fait de leur régénération dans le Christ, il existe quant à la dignité et à l'activité, une véritable égalité en vertu de laquelle tous coopèrent à l'édification du Corps du Christ, selon la condition et la fonction propres de chacun. » *Congrégation pour le Culte divin* : « Les femmes remplissent souvent la fonction de lecteur dans la liturgie, et peuvent être appelées à distribuer la sainte communion, comme ministres extraordinaires de l'Eucharistie, ainsi qu'à exercer d'autres fonctions, comme il est prévu au canon. 230 § 3. »

[79] Le missel romain qui l'institue pour le jeudi saint mentionne : « *Les hommes qui ont été choisis* ». Si ce sont des prêtres, la discrimination est logique. S'ils ne le sont pas, elle n'a aucun fondement. Voir www.comitedelajupe.fr, *Le lavement des pieds, un rite ou un appel à aimer ?* par Claude Dubois.

lancer la boule, la cause est entendue. Mais l'Église pourvoie au Salut. Rien que cela ! Elle l'offre comme le Dieu d'Isaïe offre l'eau aux assoiffés : sans compter, à tous ceux qui ont soif[80]. Et elle ne le dispense pas sous condition. Le salut est pour nous tous, pauvres, handicapés, prisonniers, exclus de tout genre, même du genre féminin. Cette proposition est inouïe, car elle franchit toutes les frontières, matérielles et virtuelles que dressent entre eux les êtres humains. Grâce à elle, l'humanité est belle à voir parce qu'elle ne ferme la porte à personne. Ce qui rend cette audace crédible, c'est que l'Église place en son centre le Christ qui a tout connu de la nature humaine, lui que sa résurrection porte bien au-delà de la division des sexes. Comment ne pas constater que ce qu'elle assigne aux femmes cadre mal avec ce qu'elle annonce ?

La masculinité du prêtre

Entrons maintenant au cœur du différend, non pour présenter un énième dossier sur la question de l'ordination des femmes, mais pour repérer comment fonctionne la discrimination. L'Église n'ordonne prêtres que des hommes célibataires, en référence au fait que Jésus était un homme. La Déclaration *Inter Insigniores* attache grand prix à cette masculinité : « Le Christ lui-même fut et demeure un homme[81]. » Le mot « demeure » questionne. Comment le comprendre ? Ou bien il s'agit du Christ ressuscité des apparitions pascales et dans ce cas-là l'évidence parle toute seule : il demeure de sexe masculin dans sa dimension historique. Mais s'il désigne le

---

[80] Isaïe 55.

[81] *Inter Insigniores*, V, 27.

Christ de toujours, l'alpha et l'omega, celui qui anime son Église, qui la soutient et la vivifie, celui que nous recevons dans le pain et le vin, alors, l'affirmation est troublante et demande à être étayée. Le Corps du Christ, le Sang du Christ, le corps de l'eucharistie, le sang de l'eucharistie seraient toujours de sexe masculin ? Et cette assemblée qui est ce Corps et ce Sang, ne devrait-elle pas être, elle aussi, du seul sexe masculin ?

Mais mesure-t-on les conséquences d'une telle affirmation ? La déclaration, en affirmant au même paragraphe que « l'incarnation du Verbe s'est faite selon le sexe masculin », laisse entendre que le Verbe de Dieu serait sexué. Mais Dieu est immuable. Sur quels fondements le magistère peut-il introduire le manque, la finitude dans l'une des personnes divines ? Jésus avait pourtant planté le décor : « Dans les cieux on ne prend ni femme ni mari. » (Matthieu 22, 30) ; Genèse 1, 27 nous avait mis en garde : ce n'est pas l'humanité sexuée qui est à la ressemblance de Dieu, mais l'être humain générique. Et Jean, narrateur visionnaire de la venue du Verbe, prend bien soin de dire que le Verbe s'est fait chair, c'est-à-dire la chair que tous les êtres humains ont en partage, ni masculine ni féminine. Alors, d'où vient cette surprenante science des sexes divins ?

La seconde conséquence ouvre des abîmes où, Mesdames, il vaudrait mieux qu'on ne nous laisse pas choir. Si le Christ reste *ad aeternam* un être de sexe masculin, lui qui n'a pas été femme, lui qui n'a pas été mère, condition si essentielle pour définir l'être femme, comment peut-on soutenir qu'il a « tout connu de la nature humaine, hormis le péché » ? D'ailleurs, existe-t-il encore, selon cette théorie, une « nature humaine » dans son ensemble, puisque la division sexuelle est infranchissable, même pour un acte de représentation ? Si telle est la conception que l'on nous propose, Mesdames, nous voilà en grand péril : un tel Christ ne peut sauver que des hommes ! Il n'est venu que pour eux. Mais alors... serions-nous exclues du Salut ? Bonnes pour l'enfer ? Je m'étonne que le Magistère puisse prendre le moindre risque sur une matière aussi décisive. Et même que, soucieux du salut de toutes les âmes, même celles des femmes, il ne se précipite pas à conférer le sacrement de l'ordre à des femmes, par simple principe de précaution, pour que la certitude du salut leur soit bien donnée à elles aussi, comme autrefois on s'affairait à baptiser les tout petits enfants pour qu'ils soient sauvés... Oui, je m'étonne de cet illogisme, de cette obstination à vouloir que la division sexuelle se prolonge... jusque dans les cieux, « dans la glorification », dit le texte[82]. En absolutisant ainsi la différence sexuelle, en l'intégrant à la définition même de la personne, on atteint l'acmé de la thèse différencialiste. Jupes et pantalons, jusqu'aux cieux...

Autre appui sollicité pour défendre la masculinité : le symbolisme nuptial des prophètes[83]. Le Christ est homme parce que le peuple, dans le Premier Testament, est en figure d'épouse. Et, ce n'est pas dit, mais c'est sous-entendu : le Christ est homme comme Dieu dans le Premier Testament est masculin. On sait les conséquences d'une telle affirmation : elle confirme ce que dénonçait déjà la féministe la plus radicale de la seconde moitié du XXe siècle, Mary Daly, « si Dieu est mâle, alors l'homme est

[82] *Ibid.*, V, 32.

[83] Voir chapitre IV.

Dieu. » On ne peut plus clairement établir la primauté du masculin.

L'utilisation de ce symbolisme nuptial (ou typologie, c'est-à-dire utilisation de types) me semble poser (aussi !) de graves problèmes. Ainsi, dans la *Lettre aux évêques*, l'« anthropologie biblique » du Premier Testament est abordée. Mais... aucune femme n'est citée, même comme prétexte théologique. Pire : il n'est retenu d'elles que le symbolisme nuptial de l'alliance et le discours des prophètes, qui fait de Dieu l'époux et du peuple l'épouse[84]. Hors de cette métaphore, n'y a-t-il point de salut ? Le même parallèle sera fait par Paul entre le Seigneur, en position masculine et l'Église, en position féminine[85]. Il sera utilisé par le Magistère pour fonder l'indissolubilité du mariage. Curieuse « anthropologie » qui met les êtres humains de chair et de sang au service d'une typologie qu'on absolutise jusqu'à ce que le symbolisme nuptial ne soit plus fait pour l'être humain, mais que l'être humain soit fait pour le symbolisme nuptial. Ainsi se dénature une image qui était destinée à une prise de conscience spirituelle ou éthique. Elle l'est d'autant plus qu'on veut la faire fonctionner de façon rigide, en référant directement les catégories de « l'époux » et de « l'épouse » à des hommes et à des femmes, et de surcroît, seulement lorsque cela convient au discours tenu. Or, « l'époux », Dieu, n'est pas un homme, pas plus que « l'épouse », l'Église (en plus dirigée par des hommes !) n'est une femme. Et le comble est que le

[84] *Lettre aux évêques*, II, 9.

[85] Éphésiens 5, 25-27 ; 32.

prêtre, qui agit *in persona Christi,* donc le représente[86] – et pour cela « doit » être un homme – représente en même temps l'Église[87] – qui, elle, est l'épouse, donc en position féminine ! Mais là, sa masculinité ne semble pas gênante... Ceci prouve que la typologie fonctionne comme un instrument de pouvoir. À ce titre, elle devient discrétionnaire. Et en outre, elle est vaine, parce qu'elle tue le symbolisme qu'elle entend servir. Un vrai symbolisme ne se décrète pas. Il ne peut que résulter de l'expérience. Comme le dit Paul Ricoeur, la métaphore ne peut être que vive, vivante ; sinon, elle n'est qu'un jeu gratuit ou un instrument oppressif.

Parole publique et gouvernance

De cette exclusion du ministère presbytéral, découlent pour les femmes (et pour les laïcs hommes) l'exclusion du gouvernement de l'Église et la privation de la prise de parole au cours d'une célébration eucharistique. Par une conception qui pourrait être remise en cause, mais qui a cours pour le moment – la conception de l'unité des deux tables – le célébrant et la personne qui prononce l'homélie doivent être deux personnes ordonnées, prêtre ou diacre. Donc les femmes ne prêchent pas au cours d'une eucharistie. Sauf autorisation particulière qu'un curé de paroisse a le droit de donner. Mais elle reste partielle et circonstanciée. Certains peuvent penser que ces exclusions sont modestes, mais elles sont, à mon sens, plus graves que la privation du droit de vote, avant 1944 pour la France.

---

[86] *Inter Insigniores,* V, 32.

[87] *Inter Insigniores,*V, 33.

Si ces trois incapacités se trouvent ici groupées, c'est qu'elles sont toutes les trois la conséquence de la réforme grégorienne qui a mis entre les mains des seuls clercs les trois *munera* (du latin *munus*, charge) de l'Église : l'enseignement, le gouvernement et la sanctification[88]. Ces dispositions ont été confirmées par Jean-Paul II.

C'est là, à mon sens, que le bât blesse le plus. Comment ne pas voir que cette attribution exclusive aux clercs des vraies responsabilités dans l'Église est l'indépassable plafond de verre des femmes ?

En ce qui concerne le privilège masculin de l'ordination, je ne lui trouve guère de fondement crédible. Il reflète l'état d'une question qui, comme le Magistère l'a souvent souligné, ne s'est encore jamais présentée. De fait, les documents publiés reflètent une théologie en chambre, conçue à la hâte, en somme. Elle est loin d'exprimer une conception déjà collectivement portée par les croyants. Et bien entendu, elle n'a fait l'objet d'aucune consultation des femmes. C'est une construction défensive érigée à la hâte, avec tous les matériaux disponibles. Ensemble, nous avons observé combien ces matériaux sont hétérogènes, mais tous utilisés dans une perspective unique : conforter à tout prix les privilèges du masculin, en donnant un caractère quasi sacré à la différenciation des sexes, au point d'en faire une vraie fortification défensive.

Je crois donc important de dire que les femmes sont assez aimées de Dieu pour être ordonnées prêtres et diacres, si la communauté croyante leur reconnaît ce charisme et si elles acceptent de se rendre disponibles pour ce service. Mais pour autant, est-ce un combat à entreprendre

[88] Chapitre V.

aujourd'hui ? L'appel de la communauté envers un presbytérat féminin, s'il est sans doute réel et majoritaire parmi les catholiques, ne serait pas unanime. Une crise grave, à l'image de celle qui divise l'Église anglicane, serait inévitable. Et de plus, le ministère presbytéral est en crise. Si celui-ci se porte mal, ne vaut-il pas mieux attendre que son statut soit clarifié pour l'ouvrir aux femmes ?

Par contre, la privation de la parole et des responsabilités de gouvernement est absolument incompréhensible aujourd'hui. D'une part, les arguments qui ont présidé à la réforme grégorienne sont depuis longtemps caducs, et d'autre part, son refus donne à penser qu'il est envisageable de laisser perdurer pour toujours la dépendance des femmes dans l'Église. Or, personne aujourd'hui ne peut considérer comme normal qu'elles n'aient pas leur mot à dire dans l'annonce publique de l'Évangile ni dans la conduite de leur Église. C'est un signe de tutelle incompatible avec la promesse de salut apporté par le Christ, c'est l'équivalent, dans l'Église, d'une incapacité juridique dans la société.

Que le Magistère ne veuille pas entendre la demande des femmes dans ce domaine me paraît, hélas, avouer qu'il défend un corporatisme clérical et rien d'autre. Jusques à quand l'Église ne sera-t-elle qu'une affaire d'hommes à la fois juges et parties, qui construisent les codes qui les servent, qui édictent des théologies qui leur font la part belle, qui parlent doctement des femmes sans leur donner la parole, et même qui choisissent comme saintes celles qui les arrangent[89] ? Même les choix de la liturgie

[89] Vierges et martyrs de préférence. Dans la Litanie des saints de l'ordre dominicain, la première femme citée est Marie-Madeleine, en 13e place.

ne sont que des choix d'hommes[90]. Est-il normal qu'à certaines messes, pas une femme ne monte à l'autel, alors qu'une bonne majorité de l'assemblée est composée de femmes ?

Pour qu'il n'en soit plus ainsi, que le Magistère consente à bouger les lignes pour faire vraiment place aux femmes. Qu'à cette fin, il disjoigne les trois charges de l'Église du seul ministère ordonné, c'est-à-dire qu'il autorise les femmes à prêcher à la messe, à délivrer le sacrement de l'onction des malades, et pourquoi pas le sacrement de réconciliation, que tant d'aumônières de prison ou d'hôpital ne peuvent dispenser malgré la demande pressante des personnes visitées ? Qu'il les nomme à des fonctions de responsabilité, dans les diocèses ou à la Conférence des évêques, qu'il les nomme directrices de pèlerinages, exorcistes, prédicatrices de retraites, cardinales[91], nonces, ou préfet de la Congrégation pour la Doctrine de la Foi...

L'annonce de l'Évangile est un bien qui doit redevenir commun. La parole des femmes manque à l'Église toute

---

[90] Voir Adriana Zarri, *La prière de la femme et la liturgie faite par l'homme*, Revue Concilium n° 52, février 1970. Ainsi, les choix du lectionnaire privilégient de manière éhontée les figures masculines. Dans la lecture suivie presque complète de la Lettre aux Romains, manquent juste les deux versets où il est question de… Phébée. Dans un autre registre, manquent, par exemple, dans la liturgie, les images de la croissance spirituelle du Christ dans l'âme, images issues de la maternité. Enfin, l'absence de langage inclusif masculinise toutes les prières. Elle fait ressortir la figure de Marie, seul point d'appui féminin, par conséquent offerte en modèle pour les femmes, alors qu'elle est une figure du croyant, quel qu'il soit.

[91] Ceci était possible jusqu'au nouveau Code de droit canonique de 1983. Paul VI avait offert le cardinalat à Jacques Maritain qui, hélas, l'a refusé.

entière. J'ai souvent déploré cette privation qui appauvrit l'ensemble de la communauté. Si l'on me demande ce que cela changera, je suis prête à répondre « beaucoup ». Mais je ne le ferai pas en prêtant aux femmes des qualités convenues selon lesquelles elles seraient plus humaines, plus pacifiques, plus tolérantes, plus près de la vie. Non qu'il n'y ait pas là une part de vérité. Mais c'est « survendre » quelque chose que nul ne maîtrise. Sans doute un certain nombre d'homélies auraient cette force. Mais défauts et qualités sont bien répartis ente hommes et femmes et les démentis à une soi-disant perfection féminine viendront vite. L'égalité, c'est aussi le droit de faire autant de fautes que les autres.

Deux autres motifs me paraissent plus intéressants. Le premier est d'honorer la polyphonie humaine. Plus on multiplie les manières d'annoncer le Seigneur, plus on fait droit à sa grandeur et à son altérité. Le Dieu Trinité, celui dont on a bien rappelé qu'il n'était pas solitaire[92], ne peut être que bien servi par les voix conjuguées des hommes et des femmes. L'expérience des femmes est précieuse pour dire Dieu. Tout dans une vie humaine parle de lui. L'ordinaire d'une journée familiale, l'expérience de l'éducation, en sont des supports évidents. Si on avait plus souvent entendu prêcher des femmes, la famille serait peut-être moins dévalorisée aujourd'hui. Je ne parle ici que d'exemples pris dans le commun de ce que font les femmes. Mais elles sauraient témoigner de Dieu aussi sur quantité d'autres lieux de vie. Et si l'on s'interroge encore sur l'aptitude spirituelle des femmes,

---

[92] Jean-Noël Bezançon, *Dieu n'est pas solitaire*, Desclée de Brouwer, 1999.

je rappellerai que la plus grande figure du XXe siècle est une femme, Etty Hillesum. Sa capacité à vivre l'horreur des camps nazis dans la sérénité et la louange à Dieu, sans s'extraire de ses liens avec les autres prisonniers, est un sommet de la spiritualité. Etty a vraiment « vu Dieu en toutes choses », même au-delà des plus abjectes.

Mais la seconde raison servirait, me semble-t-il, encore davantage le Seigneur. Il est que la parole des femmes ferait du bien aux hommes. Elle les rendrait plus vivants, plus attentifs, à la fois à l'autre et à eux-mêmes, plus en dialogue permanent avec l'autre de l'humanité. Et nombre de leurs qualités en seraient comme mises au jour, déployées, désenfouies des profondeurs où la fréquentation continue du même les maintient. Car le « même », s'il n'est que même, pousse souvent à la rivalité, à la compétition sournoise, et non à l'éclosion sereine des trésors que l'on porte en soi. Un « autre » vraiment autre se réjouit de contempler ce qui lui manque. Je n'oublie pas le bienfait qu'a tiré Jésus de sa fréquentation des femmes. Je l'imagine aussi grand pour les membres masculins de son Église. Donner la parole aux femmes, cette évidence de justice, est surtout, pour moi, donner crédit à la parole fondatrice de Genèse que nous avons relue et relue ensemble. C'est ré-instituer la différence dans l'Église, telle que l'a voulue le Créateur. Étrange que nous en soyons encore là, comme aux premières pages de la Bible... Mais les premières paroles du premier homme et le silence de la première femme sont éloquents : l'un comme l'autre ont escamoté la différence. C'est dire que ce risque est notre quotidien à tous. Et de fait, reconnaître l'autre demande un travail sur soi, une prise de conscience de sa réalité irréductible et bienfaisante. Notre Église conserve en elle quelque chose d'antérieur à la création de l'être humain différencié. Déprimée, arc-boutée sur un pouvoir, en mal de vis-à-vis... Or, la vie, c'est l'autre.

Ces avantages se feraient aussi sentir si la gouvernance de l'Église était partagée avec des femmes. La parole magistérielle retrouverait son crédit, aujourd'hui gravement entamé, simplement parce qu'elle serait le fruit d'un consensus construit ensemble. On ne s'oppose pas à ce qu'on a décidé ensemble, on cherche au contraire à le rendre effectif. Mais nous voilà aux portes d'un autre débat, celui d'une plus grande participation du peuple dans l'Église. Il est logique que les deux sujets se rencontrent. Les femmes ont souvent pâti des régimes politiques monarchiques, despotiques ou oligarchiques, alors que la démocratie les a affranchies de nombre de servitudes.

Je ne voudrais pas clore ce chapitre sans questionner aussi nos capacités d'initiative, à nous chrétiens et chrétiennes ordinaires. La position du magistère sur les femmes est connue. Il fallait, ici, la réentendre et aussi définir les domaines sur lesquels il paraît urgent de proposer des changements. Ce travail a été fait. Mais dans un tel paysage ecclésial, compte tenu à la fois de la raideur et de la faiblesse réelle de notre Église, il me semble que le plus important est de nous mettre debout. De savoir ce à quoi nous oblige l'amour de Dieu en termes de dignité humaine, celle des femmes en l'occurrence, et de le mettre en œuvre. Si Dieu aime les femmes, à nous de le montrer : cette injonction est inscrite dans la certitude même que nous avons de l'amour de Dieu. Que sommes-nous donc prêts à entreprendre, par nous-mêmes, non par gloriole ou par autosuffisance, mais dans l'attitude de celui qui s'engage au nom de sa foi ?

N'y aurait-il pas place, par exemple, pour un « Synode des femmes », suscité par les communautés chrétiennes elles-mêmes ? Certes, le sujet mobilise déjà force sessions, rencontres, colloques… Mais c'est d'autre chose qu'il s'agit. Jamais dans l'Église, les femmes elles-mêmes ne se sont levées pour prendre cette parole qu'on ne leur donne pas. Jamais elles ne se sont donné le droit de dire ensemble qui elles étaient et qui elles ne veulent pas être. N'est-ce pas le moindre droit que l'on puisse reconnaître à des êtres humains, au XXIe siècle, que celui de dire qui ils sont ? N'est-il pas urgent de rassembler nos forces à cette fin ? Aussi, que celles et ceux qui soutiennent un tel projet le fassent savoir[93].

C'est devant un tel paysage que je propose que nous dressions nos tentes, nous femmes et hommes que ce projet pourrait tenter. Elle est devant, la Terre promise de la parole retrouvée, mais encore faut-il franchir la distance qui nous en sépare. Comme au désert, la nuée de Dieu marche devant nous et éclaire la route[94]. Mais personne ne peut marcher à notre place.

---

[93] Faites-vous connaître à *Synodedesfemmes@gmail.com.*
[94] Exode 40, 36.

Conclusion

Le musicien du Pont d'Avignon

Au terme de ce parcours, il est bon de s'asseoir un instant pour contempler la cueillette que l'on vient de faire. Qu'y a-t-il d'essentiel entre nos mains ?

Le principal acquis me semble être l'extraordinaire message de liberté porté par les grands textes du livre de la Genèse. La femme que Dieu crée est aimée pour elle-même, sans que Dieu lui assigne une place prédéterminée ni un rôle précis. Ce faisant, Dieu montre clairement qu'il choisit « les » femmes plutôt que « la » femme. La thèse soi-disant biblique de la complémentarité entre l'homme et la femme, elle, reste introuvable. Comme le dahu, elle est sans doute ailleurs, mais pourquoi a-t-on inventé le dahu, sinon pour détourner les chercheurs d'autre chose et, à l'occasion, rire d'eux. Je ne crois pas que le Vatican ait envie de rire des femmes qui cherchent la complémentarité, mais je pense que, en la promouvant, il perpétue une sujétion des femmes. Un quiproquo sur le contenu de cette complémentarité permet d'ailleurs au système de durer : pour l'opinion commune, être complémentaires signifie que l'un est optimiste tandis que l'autre est mélancolique, l'un désordonné, l'autre rigoureux, etc. Tandis que pour le Vatican, la complémentarité, c'est une affirmation sur le seul être femme, considéré comme existant « pour l'autre » et par conséquent destiné à la maternité, physique ou spirituelle.

Je ne cacherai cependant pas que cette découverte, si elle sonne comme une victoire des femmes pour leur liberté, peut entraîner en retour comme un petit mouvement d'inquiétude : si l'être femme n'a rien en propre, son être femme est-il désormais banalisé, inconsistant ? Les femmes seraient-elles pareilles aux hommes ? Ont-elles encore le « droit » d'affirmer leur différence, de s'épanouir dans la maternité, la vie de famille, ou de faire les soldes en toute bonne conscience ? Une question similaire, peut-être plus urgente encore, se pose aujourd'hui du côté de la masculinité, qui se cherche[95]. L'émancipation féminine a certainement ébranlé ce que les hommes pensaient d'eux-mêmes. Mais je me demande aussi si la masculinité n'a pas été trop ignorée comme genre, puisque les hommes dominaient la société. Être homme équivalait à pouvoir être chef. Or, la masculinité est certainement bien davantage que l'exercice d'un pouvoir. Ne serait-ce donc pas le moment de rappeler que Dieu aime – aussi ! – les hommes ?

Quoi qu'il en soit, le trouble est réel sur le genre, qu'il soit masculin ou féminin. Dans les deux cas, ce qui ferait problème, c'est d'inventer. Et de fait, nous sommes ainsi bâtis que lorsque l'initiative nous revient, nous peinons parfois à savoir qu'en faire. Difficile liberté ! Dans cette entreprise, il est essentiel de savoir que l'absence de normes ne signifie nullement la fin des différences, mais

---

[95] Ainsi se multiplient les groupes de parole pour hommes d'inspiration nord-américaine, tels que les Nouveaux guerriers ou Mankind project.

leur redéploiement dans la liberté. Les différences entre les sexes ne sont pas en voie d'extinction, mais leurs frontières sont devenues souples ; elles sont à habiter par chacun et chacune selon ses charismes propres, sa liberté, sa capacité à négocier avec soi-même. Cette nouveauté est à imputer à l'esprit démocratique et au débat intellectuel qui anime nos sociétés et elle mérite d'être saluée comme un bienfait. Savoir qui nous sommes devient l'une des aventures de nos vies. Tout nous reste offert, comme un don du Créateur.

Ce n'est donc pas s'opposer aux enseignements de l'Église « sur le fond » que de contester la thèse de la complémentarité, mais simplement refuser la norme préétablie, pour affirmer que nous appartenons tous d'abord au genre humain. Cette appartenance première me semble être une source d'enrichissement considérable. Elle a permis aux femmes de s'émanciper et elle est la condition d'une solidarité humaine effective.

Certes, la nature a horreur du vide, et la société consumériste s'emploie à le remplir. Elle risque fort d'entraver notre toute nouvelle liberté. Il n'y a qu'à observer le message prégnant et convenu que véhicule par exemple une célèbre marque de poupée, en offrant sur son site aux fillettes, dès leur plus jeune âge, coloriages, découpages, colifichets et historiettes. Les poupées filles se ressemblent toutes, avec leurs chevelures somptueuses ; elles sont princesses parées de bijoux clinquants et vêtues de robes d'un rose agressif, ou aventurières bottées jusqu'aux cuisses. D'évidence, elles contribuent à propager un « genre » assez conventionnel, encourageant plus l'uniformité que la diversité et accordant peu de prix à la relation, car les garçons y sont rares.

Qu'il vienne de la société de consommation ou des nouvelles prouesses du monde scientifique, le danger de convoitise dénoncé par la Bible reste réel. Il consisterait à n'être jamais satisfait de son identité même. Il importe alors de réaffirmer la nécessaire différenciation des sexes et des générations comme la condition de structuration d'un sujet autonome et heureux, unique, en somme.

Mais tout ceci ne se fait pas en un jour. La liberté commence par le vide ; elle inquiète, mais elle s'apprivoise et se travaille, au fil des ans. Ève, nous l'avons vu, a eu peur de cette liberté. Souvent, je me demande si nous, femmes dans notre Église, nous ne lui ressemblons pas un peu. Passives quant à notre dignité, anesthésiées par le compliment, peu enclines à prendre la parole... Ah, c'est sûr que Dieu ne se répand pas en compliments, qu'il ne susurre pas de mièvreries, qu'il ne nous souffle pas ce que nous avons à dire ! Mais l'exemple que nous offre Jésus dans sa relation avec les femmes montre quel respect il a de leur parole et de leur singularité.

Je rappellerai ici le commandement que Jésus édicte : « Tu aimeras ton prochain comme toi-même[96]. » Même mesure pour soi et pour autrui. Or, il me semble que, trop souvent, les femmes, dans l'Église, aiment mieux leur prochain qu'elles-mêmes. Auraient-elles trop bien obéi à l'injonction d'exister « pour l'autre » ? En matière d'altruisme, elles s'engagent, elles sont présentes sur les lieux de pauvreté ou d'exclusion. Elles aiment leur prochain.

---

[96] Marc 12, 31.

Un signe le confirme : les religieuses sont aimées dans le monde civil. « On peut compter sur elles », entend-on souvent. Mais qu'en est-il de l'amour de soi ? S'aiment-elles ? Rien que le mot risque de faire peur, comme si tous les démons de l'hédonisme allaient surgir. J'entends déjà, du côté des religieuses, une revendication de discrétion : « Restons humbles, discrètes, sans rien demander pour nous. » Et du côté de certaines femmes laïques, l'apologie d'un don de soi pour sa famille. Même mesure pour soi et pour autrui, disait pourtant Jésus. Je me demande si la forme moderne de l'ascétisme chrétien ne serait pas cette indifférence à soi. Ne pas avoir de parole propre, ne prendre aucune décision de son propre chef, ou sans accord d'un mari ou d'une supérieure... Or Jésus n'est pas un ascète – il banquette et festoie avec les gloutons –, mais il est d'une extraordinaire santé mentale[97]. Et jamais il ne pousse ses interlocutrices à se dévaluer, mais plutôt à s'estimer elles-mêmes.

Est-ce si difficile de prendre au sérieux l'injonction impérieuse à faire fructifier ses dons que lance la parabole des talents[98] ? Celui des trois serviteurs qui cache son talent dans la terre et ne le fait pas fructifier y est durement condamné. Il a fait de Dieu un maître dur, qui ne favorise pas les initiatives. En somme, il fait de Dieu un persécuteur et de sa vie un destin, alors qu'il est né pour la liberté. Fausse image de Dieu, fausse image de soi.

[97] Luc 5, 29-39.
[98] Matthieu 25, 14-30.

Enfin, il faut pas mal de temps dans une vie spirituelle pour découvrir que Dieu ne veut rien du tout, sinon cette liberté et cette ardeur à faire fructifier ce qu'il nous a donné. Toutes les exigences que nous lui prêtons si facilement, c'est notre petit tyran intérieur qui nous les souffle. Le prophète Michée le savait, lui à qui Dieu ne demande « rien d'autre que de respecter le droit, aimer la fidélité, et t'appliquer à marcher avec ton Dieu[99] ». Le seul qui oblige, c'est le frère qui souffre d'injustice. Mais Dieu nous aime tels que nous sommes.

Devant le Pont d'Avignon, assis sur la rive, sous le figuier, Dieu est là. Le jour tire à sa fin. Il regarde les hommes et les femmes arpenter le pont. La fête s'annonce. Les belles dames font « comme-ci » et les beaux messieurs font « comme-ça. » Dieu sourit : « Mais qui a bien pu leur mettre tout ça dans la tête ? » Et il reprend sa flûte, tandis que les cigales n'ont plus qu'à se taire.

---

[99] Michée, 6, 8.

Éléments de bibliographie

Sur les récits de la Genèse

WÉNIN, André, *D'Adam à Abraham, les errances de l'humain. Lecture de Genèse 1, 1–12, 4*, Cerf, coll. Lire la Bible n°148, 2007.
BEAUCHAMP, Paul, *Création et Séparation. Étude exégétique du chapitre premier de la Genèse*, Cerf, 2005, 432 p.

Sur les femmes de la Bible

QUÉRÉ, France, *Les femmes de l'Évangile*, Seuil, 1996.
FISCHER, Irmtraud, *Des femmes aux prises avec Dieu,* 2008 ; *Des femmes messagères de Dieu*, 2008 ; *Femmes sages et dame Sagesse dans l'Ancien Testament*, Cerf, 2009.
FOCANT, CAMILLE et WÉNIN, André, *Vives femmes de la Bible*, Lessius,
HALTER, Marek, *La Bible au féminin*, T1, T2, T3, Paris, Pocket.

Sur l'histoire des femmes dans l'Église

BØRRESEN, Kari, *Subordination et équivalence. Nature et rôle de la femme d'après Augustin et Thomas d'Aquin*, Mame, 1968.
GRYSON, Roger, *Le ministère des femmes dans l'Église ancienne*, Duculot, 1972.
SCHÜSSLER FIORENZA, Élisabeth, *En mémoire d'elle. Essai de reconstruction des origines chrétiennes selon la théologie féministe.*

Sur l'accès aux ministères ordonnés

BÉRÈRE, Marie-Jeanne, *Et si on ordonnait des femmes ?*, Centurion, 1982.
Des dossiers très complets sont disponibles à : www.fheasso.fr (femmes et hommes en Église) ; www.femmes-ministères.org/ordination.html (Québec) et à : www.womenpriest.org.
Voir aussi « L'autre parole », collectif de femmes féministes et chrétiennes du Québec. Publication d'une revue du même nom.

Études générales sur les femmes

DUBY, Georges et PERROT, Michèle, *Histoire des femmes en Occident*, Plon, 5 tomes, 1991-1992.
DUFOURCQ, Élisabeth, *Histoire des chrétiennes. L'autre moitié de l'Évangile*, Bayard, 2008, 1258 p.

Documents officiels et commentaires sur les conférences de l'ONU :

http://www.un.org/womenwatch/directory/UN_conferences_meetings_sp

Documents d'Église

Déclaration de la Congrégation pour la Doctrine de la Foi, *Inter Insigniores*, 1976.
Lettre apostolique *Mulieris Dignitatem*, 1988.
Lettre apostolique *Ordinatio Sacerdotalis*, 1994.
Jean-Paul II, *Lettre aux femmes,* 29 juin 1995.
Joseph Ratzinger et Angelo Amato, *Lettre aux évêques de l'Église catholique sur la collaboration de l'homme et de la femme dans l'Église et dans le monde*, 2004.

Sur les études de genre

Antony Favier, *Penser le genre catholique*, penser-le-genre-catholique.over-blog.com/.
Ouvrages sources, assez ardus :
BUTLER, Judith, *Trouble dans le genre, le féminisme et la subversion de l'identité*, La Découverte, 2005.
LAQUEUR, Thmas, *La fabrique du sexe. Essai sur le corps et le genre en Occident*, Gallimard, 1992.

Sur les exclusions de fillettes et de femmes

www.comitedelajupe.fr **:** *Contre l'exclusion des femmes de la liturgie : notre premier recueil d'articles pour comprendre et agir*, par Gonzague Jobbé Duval. Et aussi : *La carte de France de l'exclusion des femmes de la liturgie*, par Gonzague Jobbé Duval.

Table des matières

Achevé d'imprimer par Corlet, Imprimeur, S.A. - 14110 Condé-sur-Noireau
N° d'Imprimeur : 153108 - Dépôt légal : août 2012 - *Imprimé en France*